村瀬永育

ホスピタリティ・マネジメント

現場がイキイキとなる知的資本の技法と文化資本

文化科学高等研究院出版局

知の新書
B13

❖目次❖

I プロローグ

◆はじめに

マネジメントというと、「結果を出すこと」とか、「ちゃんと関係性をつくること」とか「経営・組織を管理する」という〝結果的〟な意味と感じられることが多いかと思います。

私はマネジメントとは、「目的に対する目標」だと考えています。いきなりマネジメントとは「目的に対する目標」と言われてもわかりづらいと思うので、少し仕事の話ではないですがその理由をお伝えするたとえ話をさせてください。


例えば、嫁と姑と、夫であり息子のカレーの話。

夫の好物はカレーライス。夫の健康を考える嫁は、カレーの具材は「野菜を中心にしたい」と思っていて、一方で姑は、息子が「子供の頃から大好きな牛肉とチーズたっぷり入れよう」

と考えている。夫であり息子は、嫁と姑とのそれぞれでの普段の何気ない会話で、ある時は嫁に「確かに健康って大事だよね。」と言い、またある時には、姑である母親に「やっぱりカレーは牛肉とチーズだよね」と言っていたとします。図1も合わせてご確認ください。

ある日、キッチンで揉めごとが起こり出しました。

嫁：お義母さん、夫の健康を考えてカレーの具材を野菜中心でつくりませんか。
姑：そうね～でも息子は肉とかチーズをたっぷり入れるのが大好きよ～。
嫁：お義母さん、健康のことも少し考えてください…（もう！前にも言ったのに…）
姑：そうね、わかったわよ。（私の方が息子のことよく知ってるのに…）
嫁：今度から食事の具材は私も選びますね。
姑：そうね…はいはい（こういうの面倒だわ…）

少し大袈裟な流れにはなっていますが、この一連のことはなぜ起きているか？を想像するのもマネジメントを考えるポイントになります。

家族のこと、プライベートのことなので、仕事とは違うと考えるのは少しだけナシにしてく

図1

この一連のことはなぜ起きるのか？

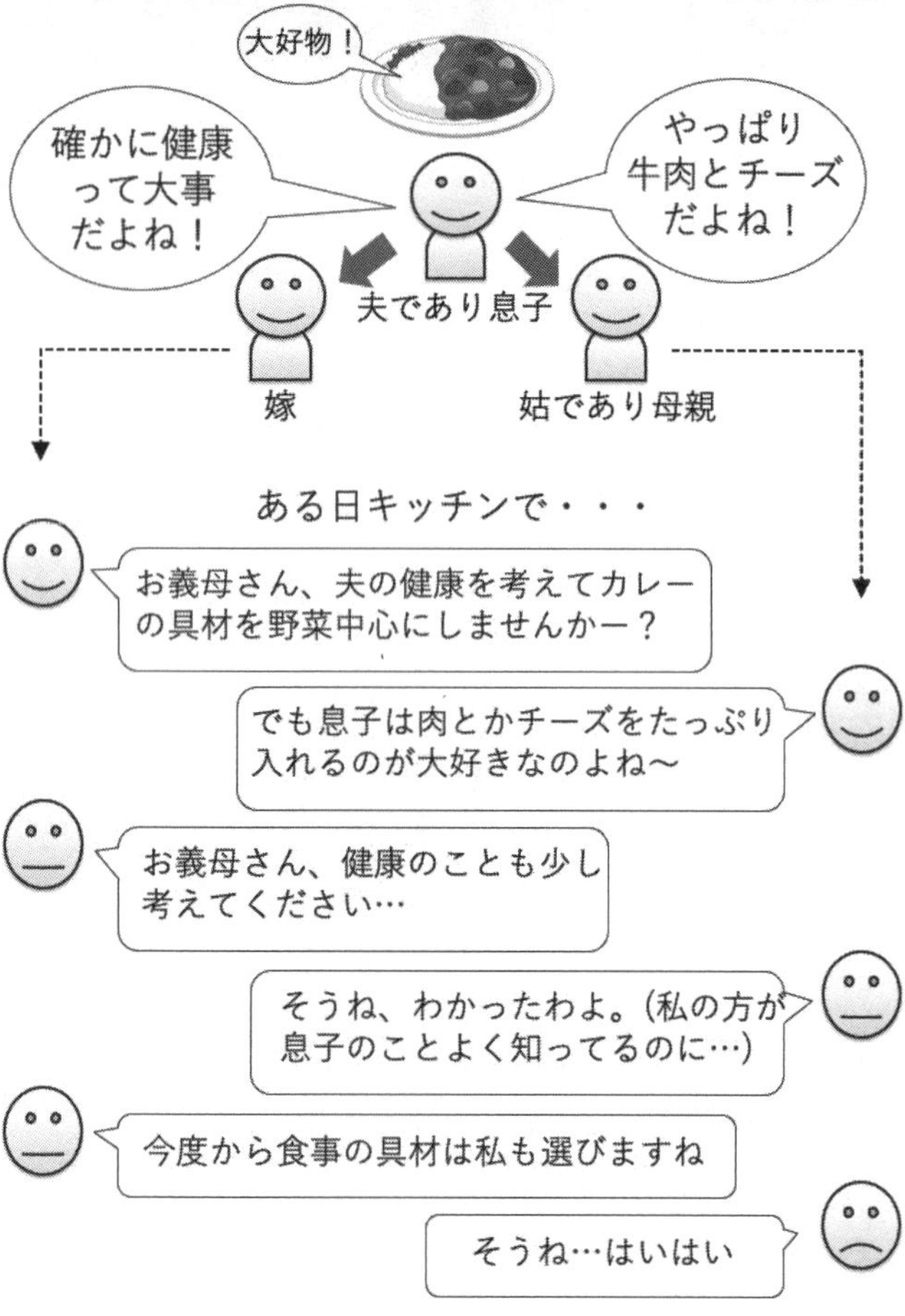

ださい。例えばこの話で起きていることで言えるのは、夫であり息子が〝方向性を示してなくて、どちらにもいい顔をしてしまっている〟ということです。

夫であり息子が、母親には「お母さん、嫁とも話したのだけど少し健康に気をつけていきたいから、野菜も摂るので料理作ってくれる時はお願いね」と言い、嫁には「母親には健康を考えていきたいと言っておいたから、あとで話しておいてほしいな」と双方がやりやすいように立ち回っていたら…図のようなことは起こりにくくなります。

つまり夫であり息子さんがもし、協働が伴うことに〝方向性を示している〟ことがなされるだけで、小さな揉めごとですが、回避する可能性が高められると思うのです。この家族の方向性で考えられるのは、「家庭が仲良く幸せに暮らしていけること」と考えられます。

もしこの方向性が家族の中で見えない作用として浸透していたら、さらに夫であり息子さんだけではなく、姑が息子に対して「○○さん（嫁）があなたの健康のこと気にして食材のこと考えましょうって言っているけど、あなたはお肉やチーズが好物でしょ？　でも少しは考えた方がいい？」と聴いたり、嫁に対して「息子にこの前の健康のこと話したらそれでいいと言っていたわ、二人で協力し合いましょう！」と話すことも起きうるかもしれません。

あるいは嫁が夫に対して「あなた好きなものを食べるのもいいけど、太ってほしくないし、健康でいてほしい、少しずつでいいから野菜とか食べていかない？ 私が料理で美味しく食べられるように工夫するから」と言って、姑には「お義母さん、夫にも話したんですが少し野菜も食べるようにすると言ってくれています。二人で協力し合って料理を作りませんか」と話すかもしれません。

このように、もしそれぞれが良い形になるように立ち回っているとしたら、これは〝マネジメント〟がそのコミュニティの中で為されている状態となっています。「嫁とそんなやり取りはしないよ」とか、「そんな会話もしないよ」とか、「姑がそこまで考える訳ないじゃないか」と思うかもしれませんが、実はそれこそが「マネジメントをしていない」ということになります。

いまこれを読まれていてそう思った方は、仕事においても組織の中で似たようなことは起きていないでしょうか？ マネジメント者のみなさんなら仕事において「連携」や「協働」を良化させていきたいと考えることはあると思います。しかもそれをマネジメント者だけでなく、社員それぞれにそういう「連携」や「協働」を起こしてほしいと思うことはないでしょうか。でもそれがうまくいっていないとしたら、それはまわりのせいではなく、〝自分がマネジメントしていると思っていることに、自分自身がマネジメントされてしまっている〟ということです。家族の例のやり取りでもあったように、自分自身のかかわり方でまわりとの関係性が変容します。

ビジネスの場合、あえて違うというところは、コミュニティを形成している相手に対する〝思い〟の強弱じゃないでしょうか。「家族じゃないんだからそこまで思えないし、他人だし」と言いつつも、組織の個々の社員のパフォーマンス向上をつくることへの〝思い〟の強弱も同じことではないかと思います。ましてや特にほとんどのビジネスは役割が決まってしまっている状態なので、マネジメント者だけが全体的、全面的な立ち回りをするということになりがちです。そしてその「役割が決まっている状態」という作用に引っ張られて、組織状態が悪いと「なぜあいつはやらないんだ、動かないんだ」「どうせ◯◯だから」「それって意味あるんだっけ？」などと、ものごとのネガティブに対して〝断定的な思考〟でとらえ、その相手に対して〝ネガティブなバイアス〟が大なり小なりかかり、その状態で仕事をして日々を過ごしている、になっていきます。この状態で、あとでいよいよ取り返しがつかなくなりそうだと思った時に、「何が原因だったのか？」と振り返っても、「ネガティブの積み重ねによるネガティブが積み上がった関係性」により真因をつかめず、付け焼刃な人事異動や組織変更、あるいは離職という「根治なき応急処置」が蔓延っている状態になってしまいます。

コミュニティの最小単位は一対一です。三人いると四通り、四人いたら十一通りのコミュニティが数の上では形成されると言われています。つまり組織の中の人数が増えることにより、そのコミュニティの数は増えます。それをみなさんはマネジメントするということになります。指示も、命令も、育成も、支援も、様々な場面において、活かしかつ〝相反するものをどう共存させていくかを常に考えてかかわるということ〟*が必要とされます。

先ほどの家族の話でもそうですが、料理は技術や知識が必要でそれをもってできることであり、ビジネスにおいては仕事の中身はそのために必要な知識やスキルが必要になります。これを「知的資本」とした時に、お互いに料理のことだけではなく、仕事だけではなく、情緒面でも離れていないことを「情緒資本」だとすれば、この知的な面と情緒の面をどう共存させていくかで、ビジネスにおいては〝成果＝状態〟と〝結果＝数字〟が作用します。ちなみに順番は〝成果があって結果〟です。企業は〝目標〟を結果に置くので、「結果を出さないと意味はない！」と経営者やマネジメント者は言うことになってしまっています。構造がそうさせているのです。そしてこの構造の中でこの傾向を言う人たちで共通していることがあるのですが、そう思っている人ほど〝成果を考え抜いていない〟ということです。成果が先にありきですから、結果が出るのにはそのタイムラグがあるのに、そのタイムラグをふまえずに進めることで、結果が出

*「相反」が「共存」する、は西田哲学を踏まえた山本理論の要の一つです。
矛盾律や弁証法的止揚や一元統括の仕方に対する述語的な仕方です。
山本哲士『哲学する日本』（知の新書 SONDEOS 101）

にくくしていることに気づいていないことが多々あると思っています。

私はマネジメントとは、ありたい状態＝目的に向かっていくための「目標」だと考えます。

営業でも、接客でも、あるいは私が携わっている自動車業界の整備士でも、フロントでも、あるいは企画的な仕事でも、エンジニアでも。現場ではさまざまな経験、そしてその知識、技術、ロジックを持っている人たちとのかかわり合いの中で、その経験・知識・技術・ロジックを昇華させていますが、そこから役割が変わり「マネジメント者」になると、それを昇華させるための材料が、現場の頃に比べると急に少なくなります。そして外部の研修などは受けたとしても、実際には一律、汎用的なものなので、それを現場のマネジメントに活かすことが出来きれない状態が長引くことも起きたりしています。研修を受けさせた側は「受けさせたんだから出来るようになれ！」と言い、受けた側は「受けたからと言ってうまくいくとは限らないし…」というギャップが〝見えていないもの〟として起きていないでしょうか。それは企業自体の知的資本と情緒資本の劣化にもつながります。そうなるとやはり、あとでいよいよ取り返しがつかなくなりそうとなった時に、「何が原因だっけ？」と振り返っても「ネガティブの積み重ねによるネガティブが積み上がった関係性」により真因をつかめず、「根治なき応急処置」が蔓

図2

AとB、どちらが目標だと思いますか？
また、自分の会社で目標としている意味合いはどちらの方ですか？

A．矢を放ち的を射るために必要な技術

B．矢を放ち的に当てる数

A：

風、気温・湿度、距離、自分が置かれている環境をふまえ、弓を引く力、角度、視点の位置、矢を放つタイミングなどそれぞれ当たるために必要な技術を磨く

こちらが“目標”
当たるためのことすべてをする

ゆえにマネジメントに育成・支援が伴う

育成・支援が難しいからやりきれない

B：

こちらは左の技術を磨いた先に現れる“結果”であり、ゆえに結果を直接的に狙うことはできない

こちらが目標になると的に当てたいという願望でしかなく、当たらない

「当てろ」という命令・管理でマネジメントが楽

やれと言うだけでうまくいってない

知的資本と情緒資本のバランスが悪い企業のマネジメントは、この狭間で実はうまくいっていないということに気づいていない

延る状態になります。

図2を見てください。

「弓矢を射て的に当てること」を例としてみると、ここまで開設したことが明確にわかります。図のAとBではどちらが「目標」でしょうか。またみなさんの企業はどちらを目標としての意味合いにしているでしょうか。*

〝的に当てる＝売上〟とするならば、これは結果です。その結果を得るためにはどんな技術を磨くのか、それこそその「目標」を設定することが必要です。つまり図のAが本当は目標でなければならないのです。結果は結果であって、それを為すための成果＝状態をどうつくるか、それが本来の〝目標〟です。

「目標」とは

（A）目指す状態やアクションそのもの

* オイゲン・ヘリゲル『日本の弓術』（岩波文庫）を参照。

目指す〝状態〟のために必要な活動内容やアクションの設定のこと。どのような経過なのか、何か問題があるのかなどを観測かつ状況に応じて矯正されていくもの

（B）売上や利益、あるいはそれをつくる商品や機能・サービスが売れた数

企業が存続するために必要な業績数字のこと。達しているか達していないかの進捗を管理するためのもの

どちらのことだと思いますでしょうか。

どちらが結果として売上や利益を出せることにつながりそうでしょうか。

Bと思う人をAと思うようになってほしいとは思っていません。ちなみにどちらが売上や利益という結果につながりそうでしょうか。あるいはどちらだと、どこぞの商社に買われた大手自動車販売店のようにゴルフボールを靴下に入れて、車の表面を傷つけてこっそり損害保険金をせしめる行為をしそうでしょうか。

Aと思った方は、このあとぜひともお付き合いください。

ないとやっていけないものなのだから売上をあげるのは当然とは思うでしょうし、そこは否定していません。結果とはどうやってつくられるのか。そんなことをこの拙著で、このあと整理を実際のことから考察していきたいと思います。

Ⅱ マネジメントにおけるコミュニケーションの構造と情緒資本と知的資本について

◆コミュニケーションの構造について

これは、マネジメントにおけるコミュニケーションを取るにあたっての根幹部分の内容になります。例えばですが昨今ではコロナ禍という茶番ごとの影響により、リモートワークが企業の形態によっては業務遂行手段のメインの一つとなっていますが、次のようなことは起きていませんか？

マネジメント者：一週間に一度しっかりと時間を取るより、毎日声がけする方が部下の成長にもつながるとは思うものの、在宅勤務が日常化・増えてきたことで、コミュニケーションの取りづらさは課題だなと改めて感じ、出社を呼びかけている。

部下：効率を重視したい性格で、会社までの移動時間がかからない分、在宅勤務の方が勤務時間を効率的に使えて仕事を進められると考えている。

マネジメント者はコミュニケーションを取り、相手の状況がわかることで業務効率を良くすることの必要性を感じ、顔を合わせる機会を増やしたいとのこと。一方で部下は現場の仕事の効率を考えれば在宅のほうが直接現場に行けることができたり、処理作業など出かけずとも素早くできるので効率的と思っています。それならば在宅でちゃんと仕事をしているかを監視するために GPS や定時でカメラの前に出てくるなどのルールの運用をしている企業もあるようですが、それで仕事のパフォーマンスが高まるかと言えばそうではないということです。一方で、在宅で会社に行かずとも何かしらの提出や申請ごと、オンラインによる打ち合わせなどが滞りなくできてしまえば、わざわざ会社に行かなくてもいいと部下がより思ってしまうのもあると思います。

ここでこうして書いたことは、もちろん現実に悩みになっている人がいることだとは思いますが、この書かれていることの〝起きていることは何か？〟を読まれていて気づきましたでしょうか。そうです、このマネジメント者と部下のやり取りは全部〝手段〟の話をしているのです。

オンラインという手段を否定はしませんが、みなさんはオンラインでのやり取りが日常の業務の中で手段として増えたことは「便利になった」と思うでしょうか、それとも「不便になった」と思うでしょうか。私は「不便になった」と思っています。なぜなら元々人は善し悪しの判断がつけられないからです。どういうことかと言うと、与えられることが「意味が設定されたもの」として受け止め、それ以外のことをたとえ不満があったとしても、そのままにしておきがちになるからです。つまりオンラインが主流になれば、本当は会って話して、動いて、直接のはたらきかけが必要なことをして……ということであっても、「見えない作用」を「意味するもの」としてみようとせず、オンラインでの運用を「意味されたもの」として従い進めていくことに様々な形で引っ張られることになるからです。

人は手足を動かすことが最も感動をつくれます。オンラインで相手の機微が窺えたり、役に立つことができきれるのか私は疑問に思います。こういうことを言いますと「いや、ちゃんと（私に）正解を教えてくれればいいんだよ」と言う人も出てきます。ですがそういう人たちは後で「言われたことをやってみたけどダメだった」と他責ロジックを使う人が多いです。メールを主にコミュニケーションを取る人もそうです。普通の会話であればやり取りの過程であっても、文章に残っていることから「こういいましたよね」「後からそう言われても困ります」などと、一方通行のコミュニケーションツールならではの揚げ足取りをしだすことも起きたりします。こうしたやり取りをしていること自体、それが〝他責〟です。さらには「私のせいではなく、○○のせい」という被害者ロジックの内容を長い文章で送ってくることもあると思います。メールでのやり取りで押さえておかなければいけないのは、〝一方通行になる懸念のあるコミュニケーションツール〟と分かって使うかどうかです。ですがどちらかというとメールだけで済まそうとしたり、やり取りが浅いのに相手に長い文章を送り付けるような人たちは、自己中心的な考えが強く、何かに怯えて人と接していることも少なくありません。そういう人たちにとってメールは自分に正当性を持たせやすく、自分を守れますので都合がいいのです。送られてきたことに対して、時間を使って〝理論武装〟して返信を返すことができるからです。そういう人が上司でも部下でもいる場合は、やはり相手が「どうしてそういう考え方や、やり方になってしまっているのか」という〝作用〟を見ようとすることが肝要です。

さきほどの出社をしてほしいマネジメント者と、在宅勤務のほうが良いと思っている部下との話に戻りますが、この二つの相反することに対して、〃共通善〃（ボルタンスキー）＊となる可能性を秘めているものは何か？ を考えることです。先ほどの文章からだけで考えて頂くことになりますが、マネジメント者と部下の〃共通善〃となる可能性は何だと思いますか？

実は先ほどの内容の中で文字にもなっていました。この場合の一例ではありますが、共通善は『効率』です。つまりマネジメント者も部下もお互いに『効率』に対する考え方を持っており、それを実現させたいと言っています。ということなので、お互いの『効率』をもっと掘り下げてみることです。マネジメント者は部下が思う『効率』を引き起こす体質と、それをつくる環境は何か、マネジメント者自身も同じようにそれは何かを「一緒に考えてみよう」として接することから始めることです。

難度はけして低くはないですが、まず〃一緒に考える〃ということ時点で、それ自体も〃共通善〃となります。この場合だけではないですが、相手を理解しようとすること、相手に理解してもらおうとすること、この考え方の根幹は「所有」です。所有をしようとすると、人はそれぞれ「違う」と思っていることとぶつかります。そして「理解してからする／しよう」となってしまうと、良いと思うようにしたことから納得できない結論に至ってしまい、理解のパラドッ

＊ボルタンスキー『道徳判断のしかた』（知の新書 006）

クスに入ってしまいます。その場では「はい」と言ったけど、「実は納得していない」などがそれです。だから「理解＝考え続けること」とすることです。「わかった／理解した」というと思考が止まります。在宅以外の、出社以外の、お互いが共通で大事だと思える『効率』が見つかることで起きている〝事象〟ではない、〝作用〟の面でのマネジメント者の部下とのかかわりができてくると思いますし、それが必要だということです。

こうした一連のマネジメント者と部下のやり取りだけに限りませんが、それでもマネジメント者はコミュニケーションの構造を知り、そのロジックを活かすことをしていくことが必要です。

図3をご確認ください。人の受発信の際の「思考の流れ」を図解にしています。人は相手がいてその相手との中で、何かしらの〝言語〟であったり、様子や態度などの〝非言語〟のどちらであってもそれを「受信」し、同時にその受信の「反応」をもってなにかしらの「発信」をしています。その受発信はどんな構造なのかを解説していきます。マネジメントをしていく上で、この構造を知ることで、自分自身がどんな立ち居振る舞いや判断をしていくか、その材料にして頂きたいのです。

図3

コミュニケーションの構造について

＜人の受信・発信の思考の流れ＞

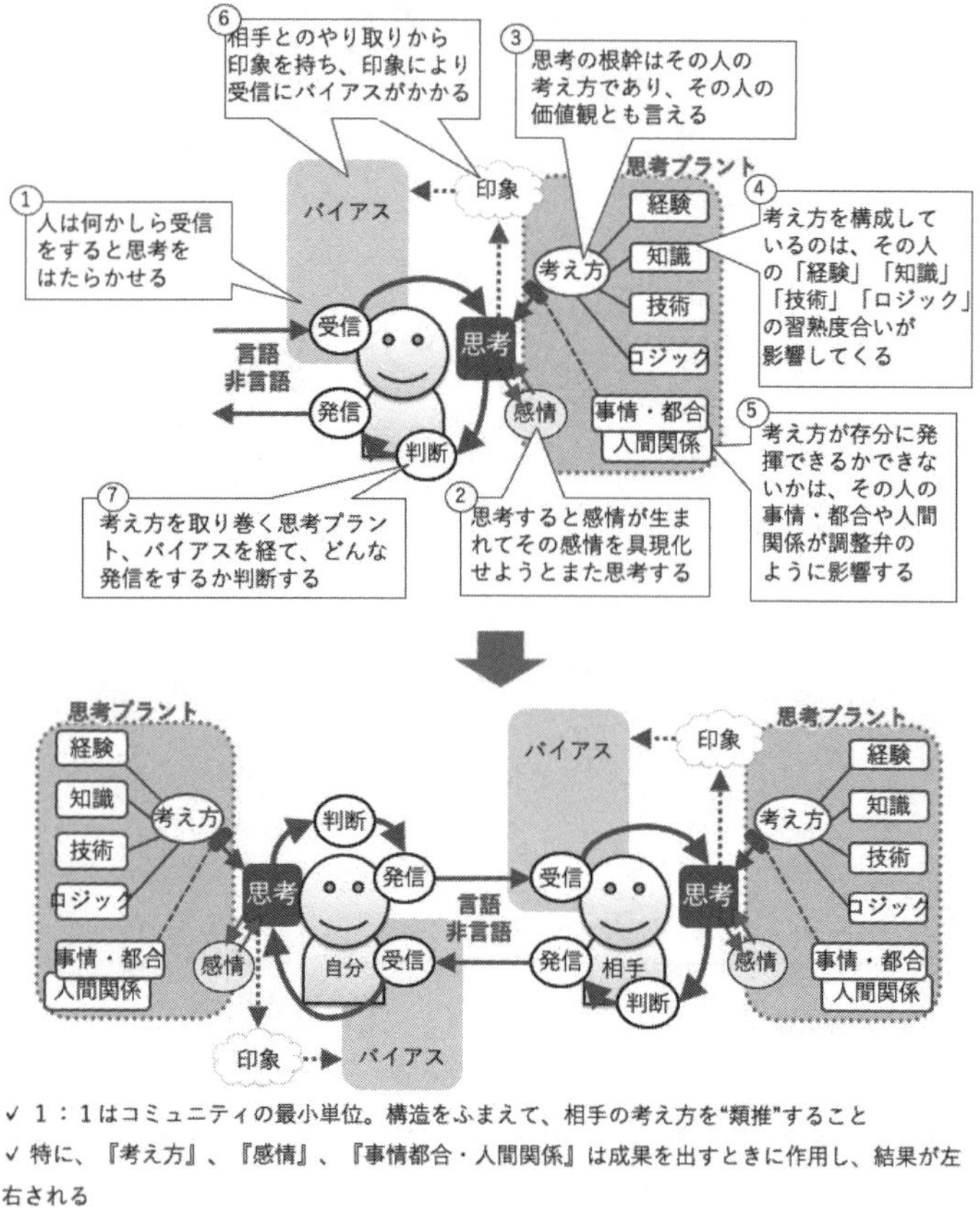

✓ 1：1はコミュニティの最小単位。構造をふまえて、相手の考え方を“類推”すること

✓ 特に、『考え方』、『感情』、『事情都合・人間関係』は成果を出すときに作用し、結果が左右される

マネジメント者は、そうしたことをふまえて自分のそれら同等に相手のことを考えることが必要

人は相手からの発信を受信すると、まず最初に「思考」をはたらかせます。思考をすると次に「感情」が沸いてきます。よく日常会話の中で、「私は感情が先に出てしまう」と言う人もいますが、「思考」してから「感情」を抱くという順です。例えば、道端で対向の人と肩がぶつかったとします。ぶつかった肩が痛いことを考えて、そのあとにその痛い思いをさせた相手のことを怒ります。するとその怒った感情を実現させるべくまた思考をはたらかせます。相手に対して苛立ちを感じるなどはまさに「感情」面です。

次に、その「思考」はどのようなメカニズムになっているかというと、「思考」はその人の「考え方」で生成されています。いわゆる「考え方」とはその人の「価値観」そのものです。マネジメント者として、部下に対して頭ごなしに「そんな考え方じゃダメなんだよ」であったり、あるいはそのようなことを自分が部下だった時に同じように言われたことはないでしょうか。部下の時はそのときなりのショックはあったはずです。なのに、一方でマネジメント者になると言ってしまうのは、技術のパラドックスを自分が起こしてしまっているからです。ショックを感じるということは、その人の「考え方」であり「価値観」の扱い方は、ぞんざいに扱うのではなく、叱るであっても丁寧に扱うことが肝要ということです。相手のことを相手以上に考えてそれに触れることです。

その次に、ではその人の「考え方」はどのようにしてつくられているかというと、まずは人の受発信を通して得られる「経験」。そしてその「経験」から自分が生きていく上で必要と感じて得る「知識」。その「経験」と「知識」の掛け算によって今までできなかったことができるようになる、その可能性を発揮するための「技術」。そして「経験」「知識」「技術」を活用しものごとを仕分けする「ロジック」。この四つをもって「考え方」が生成されていきます。

また人の「考え方」が発揮されようとすると、その時その時に起きうる「事情・都合」や「人間関係」に影響を受けます。例えば、大事な商談の場でお腹を下し、トイレに駆け込みたいときには「考え方」は存分に発揮できず、思考がはたらきにくいなどがそれです。これらは相手がいてものごとがあるときに、じっくり進むときも、瞬時に進むときもこの構造の中で起きています。そして「思考」にたどり着き、それらをもとに「判断」をして相手に「発信」をしています。このやり取りであるということです。その上でやり取りによって「思考」から相手に対して「印象」を持ち、その「印象」の影響を受けて相手に対して「バイアス」がかかります。例えば相手が自己中心的な発信をしてきたときは受信をふまえ、思考していく中でそれを感じ取り、感情を具現化させるためにまた思考をはたらかせ、その印象をもって「少し自分勝手な人だなぁ」などというバイアスがかかるということです。

まずこれをみなさんにお伝えしているのは、このコミュニケーションの構造が組織の中の部下とのやり取りにおいて、セルフコントロールをするときに必要になってくると思うからです。複数の部下がいたとしても、やり取りはこちらが複数と思っているだけで相手からみたら一対一です。構造をふまえてやり取りの中で相手の考え方を〝類推〟することです。特に「考え方」「感情」「事情・都合、人間関係」は成果を出すときに作用し、結果が左右されます。マネジメント者は部下のそれらを自分のことと同等、またはそれ以上に考えることが必要です。

◆「情緒資本」と「知的資本」について

「情緒資本」は山本先生によって提起された新しい概念です。「知的資本」についてはいくつも書が出ていますが、情緒資本と知的資本の相互性を強調している山本理論を参照しています。*

マネジメント者は情緒資本と知的資本の二つの視点を持ち、組織と対象者にかかわっていくことが必要です。そういう意味においてそれぞれの私なりの定義についてお話しします。

* 山本哲士『知的資本論』(MIRATUKU、2025)
『情緒資本論』(知の新書 C02、2025)
ともに執筆中でしたが、新資本経済学会および先生との毎月の学会打ち合わせにて学びとりました。

情緒資本とは、人と人との関係性や、仕事への意思や意欲や思い、本質的に大事な意味することなど、「情緒の面での活動の原動力」のことを言っています。知的資本とは、その仕事をしていく上で必要な知や知識、スキル、あるいは決められた意味を設定したもの（例えば収益目標や何かしらの件数指標、ＫＰＩなども現代のビジネス構造ではこちらの範囲に入ると思います）などにおいての「知的なものとしての原動力」のことを言っています。それぞれもう少し端的に言いますと、情緒資本は、見えにくいものではあるが〝意味するもの〟として作用する要素であり、知的資本は見えるものとして〝意味を設定したもの〟「知識」と見なされがちですが、知的な意味作用のことです。

この二つが今の企業において、おそらくずっと改善されていないままという表現が適しているかもしれませんが、バランスが取れないまま現在に至っているところが多いと思っています。

例えば、小規模企業でも自動車販売店などは「目標」を〝結果〟においています。〝結果〟を「目標」に設定して、さらにその結果を出すために強引に〝見える意味〟を設定しようとします。

例えばＫＰＩ＊で言うならば、本質的なＫＰＩではなく、〝見えてわかりやすいもの〟を設定しようとします。結果を生み出すことに繋がるものとしての設定は意識しているようですが、そこに〝見えるもの〟だけではなく、〝わかりやすいもの〟を加えることが多く、このわかり

＊ＫＰＩ：Key Performance Indicator。本書180頁参照。

やすさというのは、現場のオペレーションではなく、〝管理しなければならないと思っている側にとって都合がよい〟の要素がたっぷり含まれています。中にはＫＰＩを五個も十個も設定する経営者もいます。そうなると社員側は〝従っているように見せて、あとの結果は運まかせ〟の状態になります。その状態では、結果数字の変動に経営者は一喜一憂しているだけです。

一方で中・大規模企業はそれがより一層、システム的に為している状態です。社内では個人のモチベーションを上げるために表彰精度などの「情緒的」な節目のオペレーションをやっているところはあるものの、実際は〝マネジメント側に都合の良い知的〟のための「情緒」であり、画一化されたものであるので、本質的に〝情緒になっていない〟ことがほとんどです。一方で社員もそのことはわかってはいるのですが、決まりごととしての受け入れから、疑問に思うことなく思考停止が起きています。

どちらも社内で知的資本を〝見えるもの〟だけを重視してマネジメントをしているというのが問題です。仮に「情緒」があるにしても、実際には企業内構造が資本（原動力）と労働が〝分離〟されていて、「情緒」のはたらきを「管理」しようとしているので〝情緒の機能不全〟を起こしがちです。これがそもそものメンタル病発症のダブルバインド（異なる考え方に挟まれる）要因とも考えられます。このバランスの悪さは、最後は強引に力づくで業績に結び付けていくので、クライアントと生活者が〝置いてけぼり〟の状態をつくってしまいます。特に中・大規模企業のビジネスは、自分たちの会社だけのことではなく、当事者意識がなく責任回避がしたい窓口担当者がいる取引先がいたり、この構造に慣れてしまっていて、問題や変化に気づかないお客の立場である生活者の一定の量によって「成立する」が起きていると考えられます。社内の資料作成をチャットGPTに頼って提出しているところもあります。私はこれを〝自分で「考えていない」を「考えた」にしている思考の壊滅的な状態〟だと感じています。

ただ、こうした状況になってしまっている中であっても、小規模、中・大規模企業のどちらでも、〝現場の実際〟は、その〝企業のお客〟に対峙している現場が、お客とのかかわりの中で「情緒資本」を発揮していることがまだ救いです。「知的資本」だけではなく、お客が話を聴く気になるには、商品や何かしらの機能だけではなく、相手との関係性が必要になるからです。例えば、元々継続的な取引があったとしても、そのお客が購入した商品や機能を使いこなせていないことはないでしょうか。これを現場が面倒くさがらず、相手がより商品や機能を活用できて相手の状態の良化につながるようにかかわっていくと、お客もそれをさらに利用しようという感情が沸いてきます。それがないと、仮に競合他社がいればそちらになびいてしまうこともあります。相手との関係性の中身が薄く、つくれていない状態であれば〝価格〟の要素も膨らんできます。値引きに負けるのはこうした要因です。

図4でみてもわかるように、社内のオペレーションが「知的資本」と「情緒資本」のバランスが取れていないことが問題と考えます。一見「知的資本」と「情緒資本」は相反するものではありますが、これを〝どう共存させていくか〟ここに思考とアクションを使いまくることがとても肝要になります。

「知的資本」と「情緒資本」のバランスが取れていないのには原因があります。次の図5をみてください。ビジネスの構造を大きく二つに分けてみました。上段の一つめは、これまで説明してきたほうで、構造自体が「数字&管理至上主義のビジネス」となっています。

役職を立場として機能させることによるヒエラルキー型の組織構造を持っており、分社、もしくは部門・部署が分かれている場合、その管轄に担当役員または部長クラスが就いて（ぶら下がって）います。下段の二つめは、規範的な制限の中で情緒資本が在り、規範にとらわれない家族的関係性がある構造です。役職は〝立場〟ではなく、何をするのかという〝役割〟として機能しています。

図4

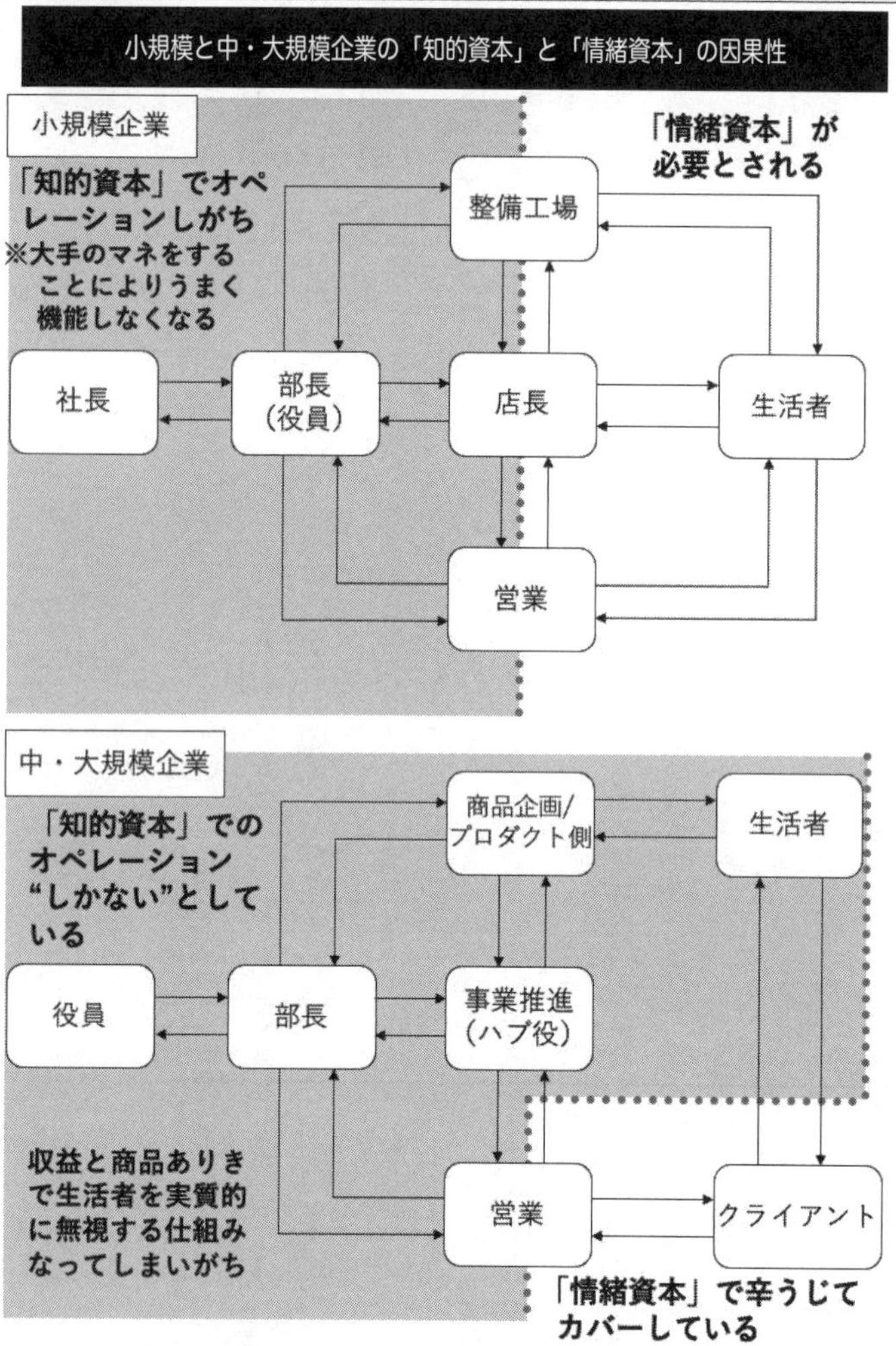
小規模と中・大規模企業の「知的資本」と「情緒資本」の因果性
小規模企業
「知的資本」でオペレーションしがち
※大手のマネをすることによりうまく機能しなくなる
「情緒資本」が必要とされる
整備工場
社長
部長
(役員)
店長
生活者
営業
中・大規模企業
「知的資本」でのオペレーション“しかない”としている
商品企画/プロダクト側
生活者
役員
部長
事業推進
(ハブ役)
収益と商品ありきで生活者を実質的に無視する仕組みなってしまいがち
営業
クライアント
「情緒資本」で辛うじてカバーしている

図5

「数字＆管理至上主義のビジネス」と「情緒資本を活かす主義のビジネス」

「数字＆管理至上主義のビジネス」

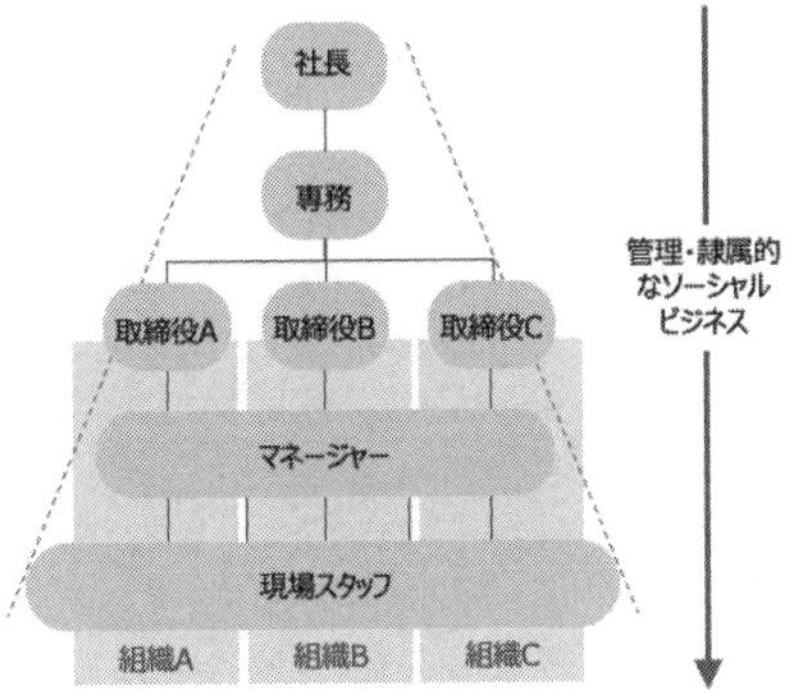

＜組織構造＞

役職によるヒエラルキー型の組織構造を持っており、分社、もしくは部門・部署が分かれている場合、その管轄に担当役員または部長クラスが就いて(ぶら下がって)いる。

＜ものごとの決めかた＞

経営判断は最終的に社長がする形となっている。役員会などでは、正当な決議をしているようにみえて、社長に"右に倣え"の常態になっている。

＜主義性＞

数字＆管理至上主義。
測定できないものは判断材料に原則しない。

「情緒資本を活かす主義のビジネス」

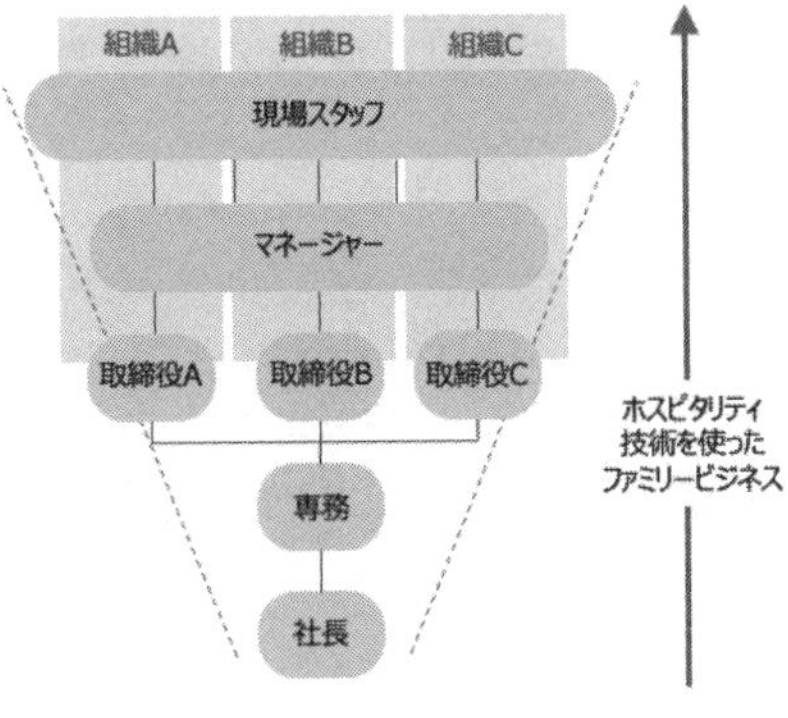

＜組織構造＞

規範的な制限の中で情緒資本が在り、とらわれない家族的関係性がある構造。役職は"立場"ではなく、何をすのるのか"役割"として機能している。

＜ものごとの決めかた＞

経営判断と責任は最終的に社長がする形となっているが、現場を支える役割のマネジメント者が責任を負いたいものとしており、仕事の意味・意義を表層で終わらせていない。

＜主義性＞

情緒資本を活かす主義。
測定できないものをみようとして、測定できるものを判断する。

図5を見てください。

みなさんの会社の構造は上段と下段どちらになっていますでしょうか。その原因をつくっている構造をわかった上で、仮にいまは上段のほうの構造で変化が起きにくい状況下であったとしても、自分自身がそれを打破するために、どう「マネジメントそのもの」に向き合っていくかが肝要になります。これは、経営者はもちろんなのですが、つまらない自分の利己だけを得るためだけのイエスマンにならないためにも、マネジメント者が自己変容していくことに努めるのが必要です。

◆知的資本を生成する「知」の形成について

逆生産を起こさなければ、事業に必要な知的資本の生成が当然ですがしやすくなります。

知的資本の「知」とは私は知識というよりは〝知性〟であり〝知恵〟のことを言っています。知性や知恵があれば知識はその手段として身につくからです。マネジメント者はこの「知」を部下が身につけるために、段階を把握しかかわっていくことが肝要と考えています。その段階をどう設定すればよいかを解説していきます。

図6をご確認ください。何かを知って、覚えて、できるようになるための最初の段階は「無知」から始まります。そもそものことを知らないという段階です。例えば自動車販売店で新規のお客さんが急きょ来店してきたとします。この時点ではどんな用件なのかも知りません。つまり知らないことを知らない、これを「無知」の段階と言います。

例えば新入社員が入社して何かを体得するといったとき、その何かすら知らないことを知らないという状態です。「知の形成」はこの「無知」の段階からスタートします。

次の段階は「不知」となります。例えば、先ほどの新入社員が営業に配属になったとします。何かしらの営業をすることはわかっていますが、実際に何をするのかは知らない状態のとき、〝知らないことは知っている〟という段階です。これを「不知」の段階と言います。

例えば、その新入社員が新しい職場で、これまで経験したことが無かった自動車販売の営業をし始めたが、接客のコツや、販売した後に必要な書類手続きの処理手順などすべからくできていない状態はこの「不知」の段階です。

第三の段階は「知」です。「不知」を越えてこの「知」の段階になると、新入社員であれば色々なことが知れてできることが増えてくる段階です。ただし、まだこの「知」はできたり、できなかっ

図6

「知」の形成について

知的資本の「知」とは私は知識というよりは"知性"であり"知恵"のこと
知性や知恵があれば知識はその手段として身につく、マネジメント者は
この「知」を部下が身につけるために、段階を把握しかかわっていくことが肝要

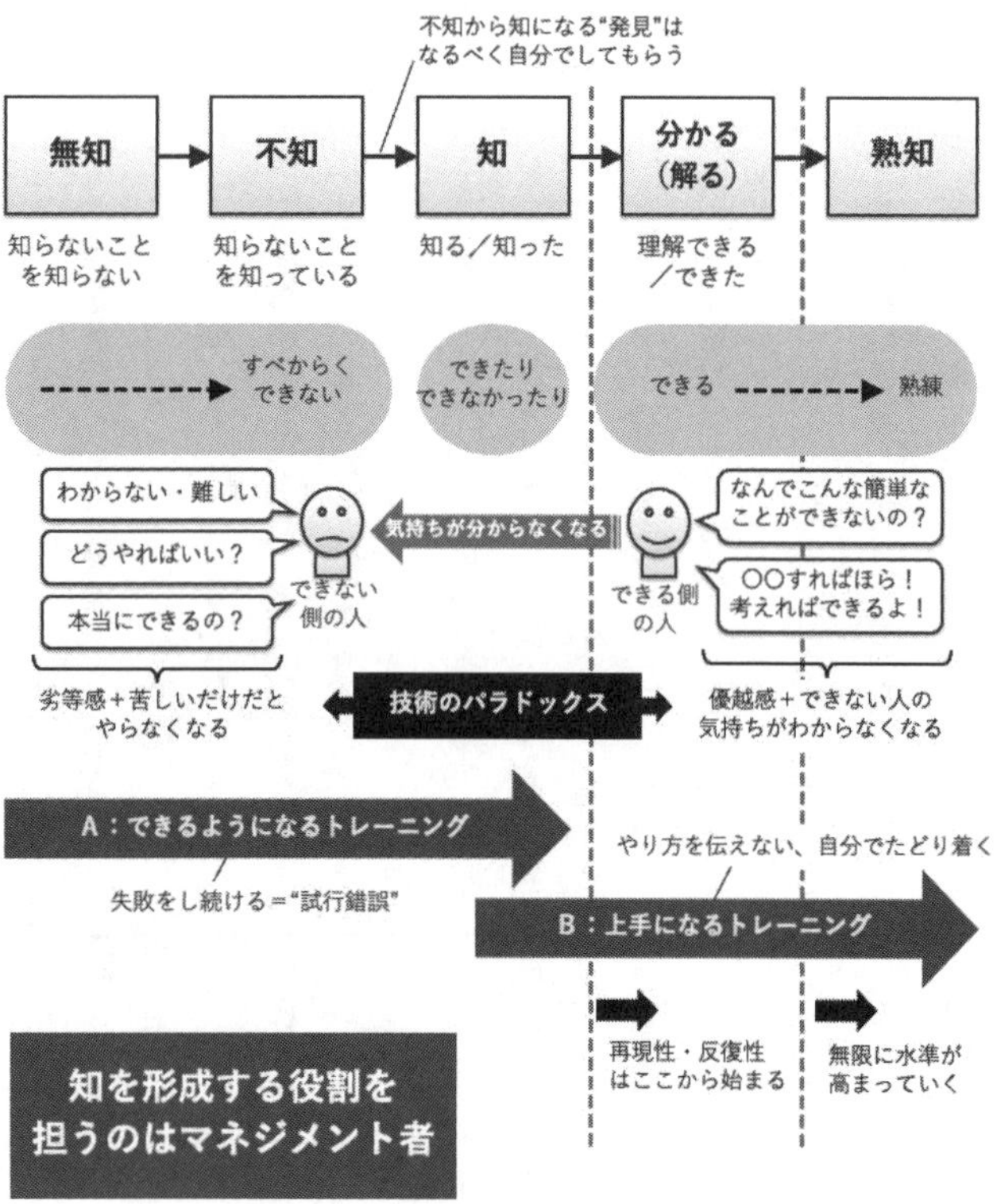

たりを実際には繰り返している段階です。

例えば新入社員が接客の際に、先輩社員からも教えられ、お客さんとの会話ではまずはしっかり相手の〝お困りごと〟を聴くようにと指導を受け、実際の接客においてもお客さんが今乗っている車では何が不便なのかを聴いて接客しているときがあれば、自分の販売台数のノルマが切羽詰まったときに、ついお客さんの〝お困りごと〟をしっかり聞かずに、勝手に相手のことを判断して車を売るだけになってしまうときもあったとします。このできたり、できなかったりという状態の段階を「知」と言います。マネジメント者はこの「不知」から「知」の段階まででは、できるかぎりアクションを部下が自ら試行錯誤するように仕掛けることが肝要です。「知」の段階になるということは「知る／知った」となっているので、その発見を自分でしてもらうように努めることです。「できるようになる」が増えるには、自分自身が発見することであり、その数をこの知の形成のロジックをふまえて、マネジメント者がそれこそその機会となる経験をつくることです。

第四の段階は「分かる／解る」です。「知」の段階とのちがいは、できる状態になっているということです。例えば、新入社員が自分の仕事において一通りもれなくできている状態の段階を言います。できたり、できなかったりはすでに越えていますので、この段階は現場スタッフとしては十分な戦力となってくれている状態とも言えます。

知の形成において最後の第五の段階は「熟知」です。この段階は文字通り熟練のレベルで、無限に水準が高まっていく段階のことです。例えば実際の自動車販売店での営業の例でこんなことがあります。

五〇歳代のお客さんがこれまで乗っていた車が約十六年乗っていたこともあり、いよいよエアコンも効きづらくなり乗り換えをということで来店してきました。営業はお客さまから使用用途を聴き出します。すると子供は社会人になって学校の送り迎えもない、車は通勤で毎日往復五〇キロを走るのと、奥さんとの休日の遠出するくらいとのことでした。通勤距離がそれなりに多いので年間一万五〇〇〇㎞は走るとのことと、二人しか乗らないのでサイズ感は小さくてよく、燃費を優先してトヨタのハイブリッド車であるアクアと言う車を買うことになりました。

またそのお客さんは以前駐車場から車を出そうとしたときに年配の人が向こうから車をぶつけてきて、ぶつけた相手が逃げようとした経験があったので、ドラレコを付けたいとの話にもなっていました。営業は万が一の事故の時に、スムーズに事故情報が損保会社にデータが送られるドラレコ付きの自動車保険の入れ替えを勧めました。そのときにそのお客さんは、そのドラレコ付き保険と、これまで入っていた保険の料金を比較して、三〇〇〇円ほど従来の保険の方が安かったそうです。金額面で言えば、「できるかぎりランニングコストは抑えたい」ともお客さんは言っており、車の購入は決めたが、保険については持ち帰って検討するという話になりました。

ここでこれを読んでくださっているみなさんにお聴きしたいのですが、その営業がお客さんにある役に立つことをして、勧めたドラレコ保険に入ってもらったのですが、どうやって入ってもらったと思いますでしょうか？

通常であれば、過去事故に遭われたこともありますし、安全と安心を考慮してドラレコ保険にしましょうと強気に押したのではと思うかもしれませんが、その営業はこんなことをしました。

「今まで乗っていた車は燃費が一〇㎞／リッターですよね。年間一万五〇〇〇㎞は走るとなると、一か月では一二五〇㎞、レギュラー・ガソリン代がリッター一六五円だとしてひと月二万六二五円、年間は二四万七五〇〇円です。今度のアクアは少なく見積もっても燃費は二〇㎞／リッターです。ですので、一か月のガソリン代は一万三一三円、年間で一二万三七五六円です。月で約一万円、年間で一二万円もランニングコストが下がります。その分、ドラレコを付けても維持費は十分下がります。ドラレコ保険を付けることで、本当に万が一似たような事故があったときは、保険会社の対応もスピーディですし、そういう意味で安心を担保しておきませんか」。

お客さんの普段の生活を考え、また気にしていたランニングコストをお客さんが気づいていない角度からメリットがあることを伝え、かつ悩まれていることに対しての営業なりの回答を伝えています。このようにただ車を売るだけでなく、お客さんの〝事情・都合〟をふまえた案内や提案の水準が無限に高まっていくことができているのが「熟知」という段階です。

この五つの「知の形成」を為していく段階が進むためには、それぞれの段階から次に進むにあたり〝アクション〟が必要になります。そのアクションのレベルを引き上げていくトレーニングは図6を見てもわかりますが、「知」までの段階と、「知」以降では違ってきます。

「知」までの段階のトレーニングの目的は〝できるようになる〟です。まだこの段階では、昨今は正解を言ってもらうことを求めてくる傾向が強いですが、気づきや発見をできる限り自分でしてもらうことです。この場合状況に応じて〝フィードフォワード〟をする場合は、「軽く背中を押す型」が良いと思います。本人としてはやはり必要なのは〝試行錯誤〟をすることで、とにかく失敗もし続けることが肝要になってきます。

次に「知」以降のトレーニングの目的は〝上手になる〟です。熟練になるにあたり、この経験が一番重要になります。「知」以降のトレーニングは反復し続けることで「知」以前の失敗が活かされてきます。

ここでマネジメント者のかかわりかたですが、「できたこと」だけに目を向けることなく、その段階ごとの経験の仕方や思いを覚えておいてあげて、フィードバックに活かすことです。人は思考をすると〝感情〟が生まれ、その〝感情〟を具現化させようとしてまた思考します。

思考が変わると感情が変わり、感情が変われば思考も変わります。育成者であるマネジメント者は、思考と感情の関係を常に読み取ろうとすることが肝要です。なぜならば人は〝できる〟となると、できない人の気持ちがわからなくなるからです。時と場合によっては、できている人ができていない人に対して「何でできないの?」「こんなの簡単だよ、こうすればいいんだよ」というように、〝優越感〟が沸いてくるのです。一方でまだできていない側は「分からない……」「どうしたらいい?」「本当にそれってできるのか?」という感情に、できる側の優越感がぶつけられると、劣等の感情になります。そして劣等の感情になると人は「しない」を選択しだします。やらなくなるのです。これ自体はマネジメントが引き起こした場合は問題となります。できないうちは分からないものでもあり、新しいことに取り組む時の障害となります。これを〝技術のパラドックス〟と呼んでいます。新しいことが起きても、「無知」から「不知」への形からが繰り返されるだけのことです。ですので、マネジメント者は常に「できない」や「わからない」は〝スタートでしかない〟と思うことであり、難しい技術を部下に身に着けてもらうのであれば、そのトレーニングは割と気長にやらなければならないことだと思うようにすることです。そして「分かる／解る」の段階から再現性と反復性は始まるということです。

◇情緒資本を機能させるためのマネジメント者の思考セルフチェックについて

マネジメント者は部下が知的資本を身につけるために、組織コンディションがどうなっているかを常にセルフチェックすることが必要です。そのとき、起きていることからそれを推し量るのですが、その際にその起きていることを図7のような表に、マネジメント者にとってのポジティブ・ネガティブと、部下や相手にとってのポジティブ・ネガティブを自分で類推しながら書き込んでみることです。

図7の表には、実際に部下とのやり取りを1日の中で印象に残っていることを思い出し、そのやり取りが、

(A) マネジメント者にとっても、部下にとってポジティブなやり取りだった

（B）マネジメント者にとってはポジティブであったが、考えると部下にとってはネガティブなやり取りだった
（C）マネジメント者にとってはネガティブであったが、考えると部下にとってはポジティブなやり取りだった
（D）マネジメント者にとっても、部下にとってもネガティブなやり取りだった

A〜Dのどれに当てはまるかを自分なりで感じたことでよいので、部下とのやり取りを当てはめていきます。はじめは面倒に感じるかもしれませんが、最低でも一か月、日々書き出してみてください。そうすることでそのものの見方・考え方が磨かれていきます。また一か月ほど書き出していくと、自分自身の部下とのやり取りの仕方の傾向も見えてきます。これ自体は、部下に変容を促すのであれば、まずは自分の考えや行動に変容を起こすことが肝要なのですが、その具体的な方法になります。

そうして書き出したものがありましたら、その自分で思ったことと次のことを突き合わせてみてください。

図７

情緒資本を機能させるためのマネジメント者の思考のセルフチェックについて

下記のような図をつくり、実際に部下とのやり取りを１日の中で印象に残っていることを思い出し、そのやり取りをマネジメント者の感情と、部下の感情は想定し考え、それぞれA～Dのどの状態と思えるかをふまえて書き出してみる

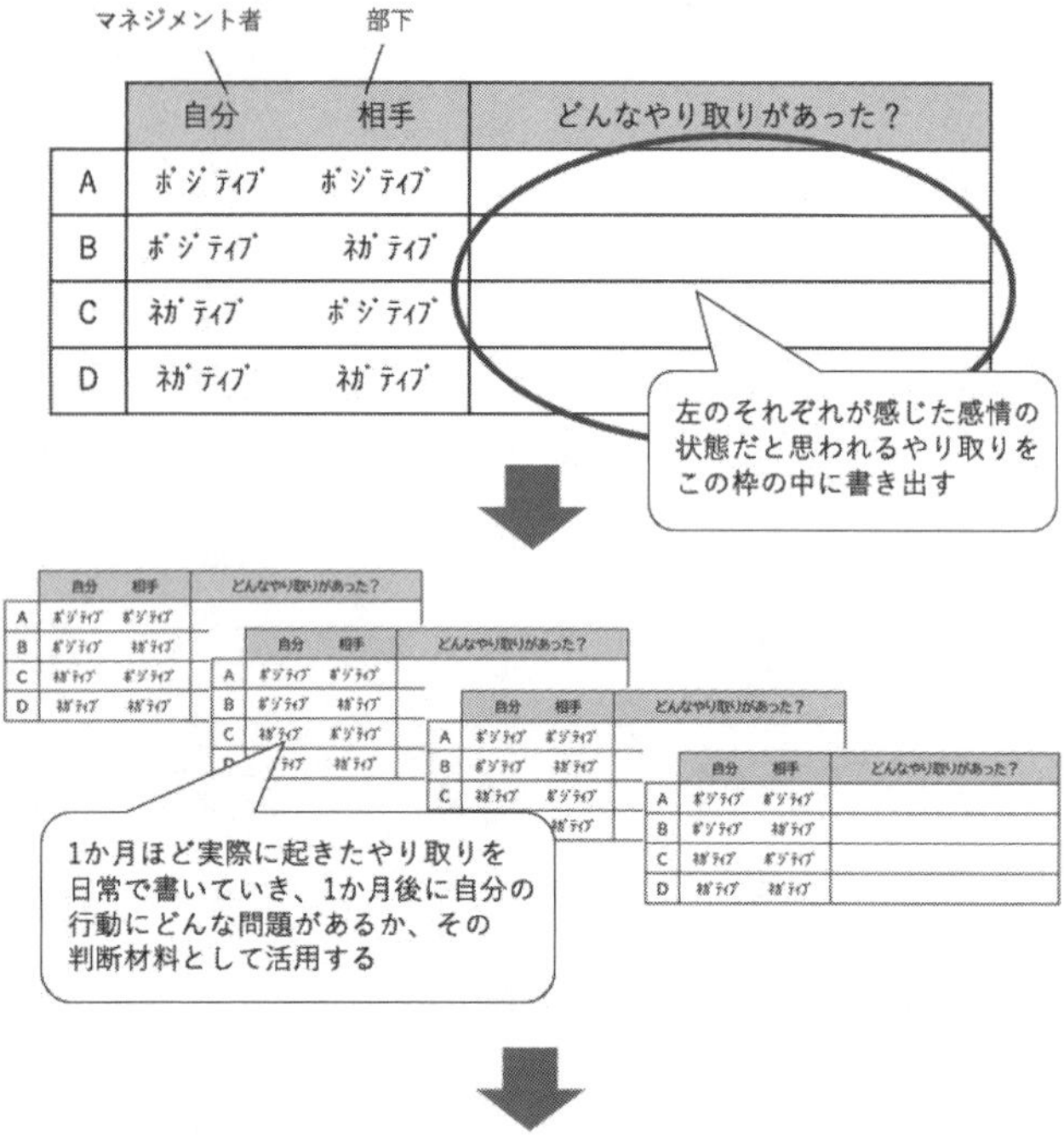

判断材料をもとに、相手の変容を考える前に、マネジメント者としての必要な考え方や行動の変容が何かを設定し、それをふまえ部下と接するを試みる

●相手との関係性が良くないときはBとCが何らかの形で起きている
●関係性の良化は、相手のネガティブが自分にとってもネガティブであることを見つけること（例：心配する、慮る）
●自分がネガティブであっても、相手のポジティブが自分にとってもポジティブの面をみつけること
●相手のポジティブをつくろうとする時、相手の大切にしていることは何かを把握しないとつくれない　※Bのとき、特に見つけるように努めること
●マネジメント者は、自分の事情・都合を大事にしながら、相手の事情・都合も大事にするとに挑戦し続けること　※特にCはどうしてそうなのかを徹底的に考えヒステリックなマネジメントにならないように努める

これらのチェックポイントをみながら、マネジメント者としての部下とのやり取りを振り返り、改善ポイントを見立てることによって、先にも書いた通り、マネジメント者が自分の考え

方や行動を変容させることができます。

このとき、誤解してはいけないのは、部下に気を遣いすぎる、怒らないようにする、遠慮するなどを考えてしまうことも起きなくはないので、そのときはそれが問題になると自分を律させることです。遠慮や躊躇は、実際は自分を守っているだけです。言葉は乱暴かもしれませんが、大事なことは〝放置しない〟ことです。そういう意味でも、例えば「叱る」という行動の定義は〝放置しない〟や〝まわりへの悪影響を及ぼすネガティブな状況をそのままにしない〟ということです。

次以降では、その共存をつくりだすために、思考とアクションを使いまくるにあたり、社員とのどのようなかかわり方のマネジメントがあるかを解説していきます。

Ⅲ ホスピタリティ・マネジメントについて

◆四つのマネジメントの言説について

マネジメントというと、売上目標や利益目標、あるいはその企業ごとに設定した何かしらの数値指標、あるいは社内ルールや決めごとなど、「決められた枠・範囲」をやり切るようにという形で、その取り組みへの〝管理的なかかわり〟が常態化されていることが多いですが、これに疑いを持つことです。なぜなら、その「決められた枠・範囲」だけを意識してしまうことにより、〝その範囲で起きていることしか見なくなる〟になってしまいがちになるからです。その枠の範囲でしか問題を見なくてもよくなるということは、企業側やマネジメント者だけが楽なオペレーションになるということと同義です。

本来現場においては様々な〝見ようとしていないことから起きる問題〟の発生はそれなりに多いはずです。これを実際に現場で取引先やお客に対応しているスタッフからすれば、自分たちが枠・範囲の中だけでやっていると相手とうまくいかないのをわかっているので、そこに向き合い対応しています。つまり枠・範囲を超えて対応しているということです。一方でそのことについては、企業は見ようとしないので、見てないのであれば自分に利が無いと、取引先との関係性にも影響を及ぼす自己都合でものごとを考える人も出現してきます。こうなると組織状態は芳しくありません。いくら「給料をもらっているんだからちゃんとやって当然」と思っていて、それを指摘したとしても、見ようとしていない仕組み・構造の中で、マネジメント側や経営者は自分たちのやっていることを棚に上げて言っているので、スタッフからは確実に見透かされます。そういうスタッフとの関係性の中で、業績が悪化すると、余計に数字の話ばかりをしてしまいます。甘い環境はマネジメント者や経営者がつくっているのに、「甘い環境の中にいるからだらしない、厳しくしなければ」と、本質的な問題にではなく、起きている、それこそ見えて分かっていることだけを気にして、そのこと自体を引き起こした真因が自分たちにあるということすら忘れてしまうことが起こりえます。こうなると、気づいていなく、さらに相手が腑に落ちない原因を複数つくってしまうことになるので、簡単には解決しない状態に陥ります。

マネジメント者も現場で業務をしていた時には経験をしているはずなのに「決められた枠・範囲」でオペレーションをしている企業やマネジメント側は、〝枠・範囲外〟は〝見ない〟ので、実際には〝枠・範囲外〟が重要であっても、決めた枠・範囲をこなせば良いとします。さらにはひどい経営者やマネジメント者だと、〝枠・範囲外〟に対して「それくらいは自分でやれよ」という感覚で接してきます。つまり「決められた枠・範囲」をやれと言いながら、本質的に大事なことを〝枠・範囲外〟にしているのに「やれ」と言っている状況になっています。こうしたマネジメント側にとって自分たちに都合の良い解釈があることが、ヒエラルキー構造の問題の核心でもあります。これらのことが蔓延している組織の関係性は良くありません。社員のパフォーマンスの向上は、能力アップ×コンディション良であり、いくら能力アップがあったとしても、組織環境の問題により、コンディション悪ではマイナスになるということです。

図8で言うと、ここまでの話はⅢの「正解ありきのマネジメント」のことを言っています。結果指標やルールなどの「意味を設定したもの」の範囲で↓「起きていること」をみて↓その範囲での「問題と思うこと」にしか着手しないので、本質的に「意味するもの」を見ない／見ていない、というマネジメントです。中規模・大手企業ではこのマネジメント言説になってい

図８

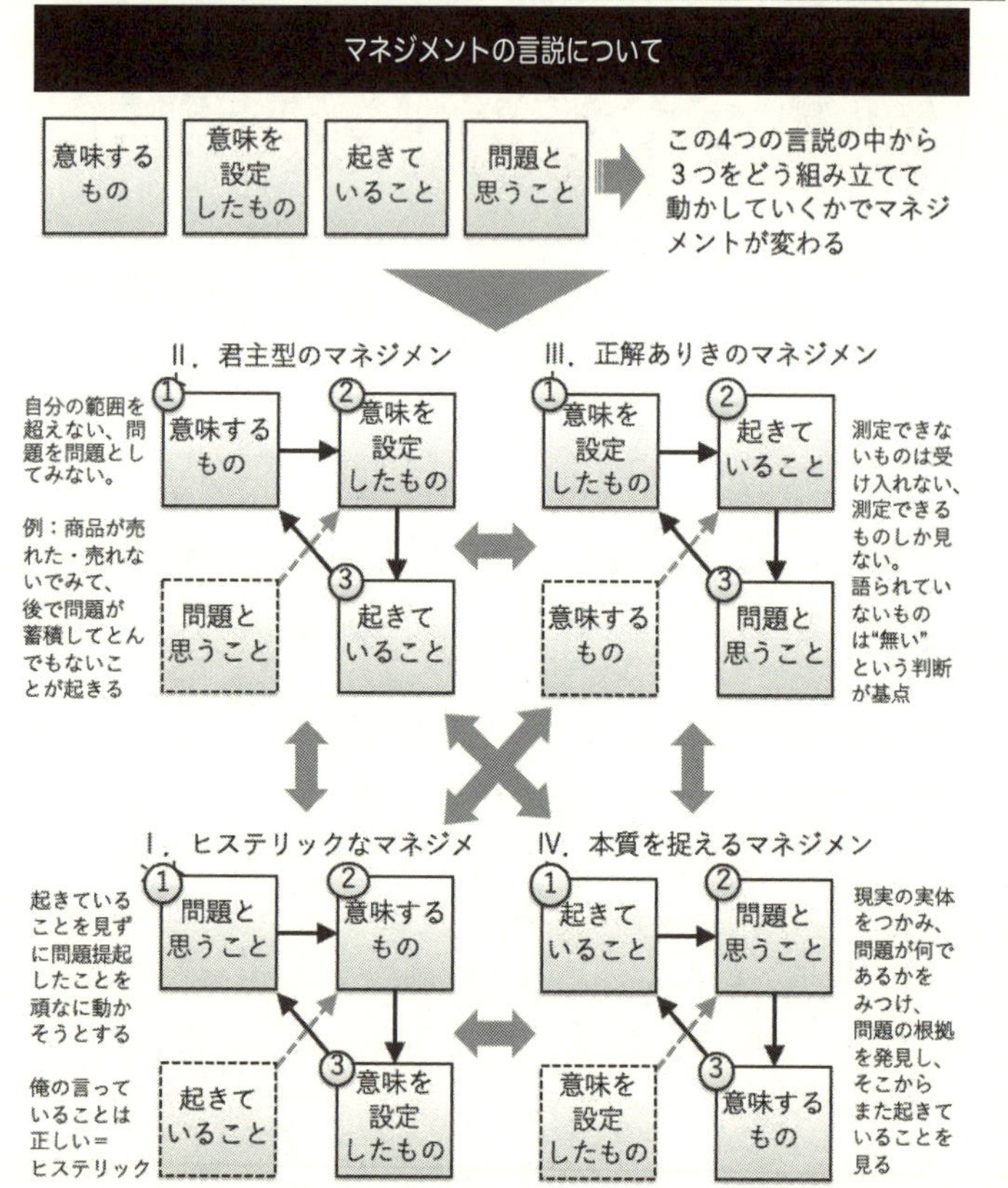

中・大規模企業は、ほぼIIIでマネジメントをしており、IVをしている
ようにみえて、IIIの意味を設定したものの範囲で問題を捉えている。
小規模企業は、IIとIIIの間でマネジメントをしていることが多く、経営
者は主役の座を降りることは自分の存在感が無くなると思ってしまう。

ることが多いです。

この「正解ありきのマネジメント」の問題は、「決められた枠・範囲」の可視化と推進を重要視しすぎることにより、〝枠・範囲外〟にしていたことで見えていなかったものが〝在る〟とわかったとしても、〝枠・範囲外〟の可視化・推進はすでに「決められた枠・範囲」の推進を脅かすことになるので、〝放置〟が起きがちになるということです。「決められた枠・範囲」自体は知的にものごとをまわしているように思えますが、見えていないこととの〝共存〟をしようとしない時点で、知的のレベルが低くなっています。実際には「正解ありきのマネジメント」の中にいる、現場に携わる人たちで優秀な人は、枠・範囲を超えて対応しています。ですがそれも「正解ありきのマネジメント」の中でのことですので、優秀に見えるだけかもしれません。そこに気づくか気づかないかがこうした組織の中にいるマネジメント者や経営者の変容する分岐点かもしれません。

ではその「正解ありきのマネジメント」の常態からどう脱却し、どうマネジメントしていくのかで言うと、それは図8の中のⅣの「本質を捉えるマネジメント」に着手し続けていくということです。

「決められた枠・範囲」や〝枠・範囲外〟ということではなく、「実際に起きていること」を見ることです。「実際に起きていること」からしか現実の実体をつかめないですし、問題が何であるかは見つけられないですし、本質的な「意味するもの」に取り組むことはできません。そしてその一連の流れを繰り返し続けて、また実際に起きていることから現実の実体をつかみ、問題を見つけそれ自体を解決する、または〝解決する方向に向かわせる〟ことです。

ここで〝解決する方向に向かわせる〟と書きましたが、「それだと問題は解決しているわけではないので、それではよくないのでは?」と言われることがあります。ですが問題の難易度によって、解決するのはいつになるかわからないこともあります。一方で「決められた枠・範囲」だと、その中での解決と〝思っている〟だけで、実は解決はしていません。つまりそういった時は、いつになるかわからないものは〝手をつけない〟、〝見ない〟となるので、部分を解決したと〝見せている〟だけです。それが「正解ありきのマネジメント」になっているということです。組織では〝解決していく方向に向かっていることをもって問題解決になることもある〟と捉えることも肝要です。経営理念やビジョンへのスタンスはこれそのものです。

「本質を捉えるマネジメント」は例えば自動車販売の営業場面の例で言うと、次のような形でも想像できるかと思います。

お客さんがオープンカーを探しにお店に来たとします。そのお客さんが「マツダメーカーの車でロードスターという車の中古車価格の相場が知りたい。仲間と休日に〝オープンカーの集い〟というサークル活動をしていて、今は軽自動車のオープンカーに乗っているけど、まわりが普通車のオープンカーに乗っていて、いつも峠とか走っているとパワー不足で遅れを取っているのでそれを解消したい。予算は一五〇万位だけどそれだとどれくらいの年式のどんなものが買えそうかな？」と言ってきたとします。

営業はお客さんに丁寧に対応をしようと心がけているので「かしこまりました、仕入れ先のオークション情報からロードスターの相場をお調べします。」と言って、どの金額だとどれくらいの年式や車両状態（コンディション）のものが買えそうなのかを調べて伝えたとします。その上で「お客さまのご予算の場合、だいたい〇年式で、走行距離も〇万㎞くらいで比較的少ない状態の良いものが買えると思いますよ。」と予算における相場を伝えたとします。自動車販売に携わっている人は、おそらくこうしてお客に対して丁寧に対応したとなっているかもしれません。一方でこれだけのやり取りで、もうわかる方もいらっしゃると思いますが、実はこの営業はお客さんに対して「正解ありきのマネジメント」をしています。もちろんお客さんが希望していることに応えるのは必要です。ですが「なぜマツダのロードスターなのか？」という車の枠を超えずにいます。つまり「相場が知りたい」という意味が「設定された範囲」でしか対応しておらず、〝意味する本質的なこと〟に対して応えられていないからです。

　ここでこのお客さんに「起きていること」は、趣味の場でそのお客さんにとって「楽しみきれていない」という〝不都合＝問題〟があるということです。このお客さんにとっての「意味するもの」は、〝趣味であるオープンカーの集いで楽しむために、周りの仲間に走り負けしないこと〟です。そのことをお客さんと〝領有〟し合い、その目的に合った車の提案をすることで、このお客さんのそのお店で、その営業に「あなたに任せたい」が生成されていき、その結果としてロードスター（意味を設定したもの）ではなくてもよくなります。つまりそれがもたらすのは、そのお客さんにとっても選択肢の幅が広がりますし、営業にとっても探しやすく販売できる可能性が高まることにもつながるということです。まさに〝解決の方向にむかっている状態〟になります。この話の結果のことをここで言うのであれば、その後どう進むかはみなさんの想像におまかせしますが、お伝えしたいのは、商品には「決められた枠・範囲」があり、それにとらわれると「意味するもの」を見落として、その商品の範囲で何が問題なのかにとらわれて見ることになるので、その商品自体があるのか、無いのか、高いのか、安いのかという〝問題探し〟で終わってしまうということになります。それを超えるには、起きているものそのものを受け止めて考えるということです。

この話の例を使って別のマネジメント言説も解説していきます。

例えば、その営業がお客さんからの話を受けて、展示場にロードスターが在庫としてあったとします。「お客さんはロードスターが欲しいと言っているのだから、この在庫を売ろう。まずは在庫が捌けることが売上や利益につながるのだから、ちょうどそれがあるのだからこれを売ればいい。」と思って、お客さんに「それなら当店の在庫にロードスターがあります。こちらはご予算内ですし状態も良いのでオススメです。」とお客さんとやりとりをしたら、これはⅡの「君主型のマネジメント」になります。

一見希望に合っているのだからそれでいいのでは？　と「売上だ、利益だ、結果がすべてだ」と言っている経営者は特にそう思うかもしれませんが、〝在庫〟という形で、自分の範囲を超えない状態でものごとを進めているので、〝お客さんが抱えている問題を問題として見ない〟ことになっています。もし購入したロードスターが、他の仲間に遅れをとる状態だったらどうでしょうか。これ自体は商品が売れた・売れないでみているので、あとで問題が蓄積されてとんでもないことが起こるリスクを孕みます。お客さんからすれば「買って損した」となるリスク性があると言うことです。これ自体は営業だけに問題があるのではなく、例えば「社長や上司の言うことが絶対、もしくは優先順位が高くなくてはいけない」という環境がもたらすものでもあり、社長や上司が言ったことから意味を設定して、そこから起きていることに対して、また社長や上司が言ったことに従属させる形でのアクションを起こすので、何が問題なのかを見落としがちになるのです。靴下にゴルフボールを入れて車のボディを叩く行為が起きるのはこのケースです。

Ⅲの「正解ありきのマネジメント」に似ているように思えますが、Ⅱの「君主型のマネジメント」はそれよりも濃い〝従属させる要素〟が強いものがあるというケースです。この場合、社員の話を聞いてあげているようにみえても、聞いた後に発信されることが、聞いてないのと同じ発言をする経営者やマネジメント者のやっていることもこの類です。

最後にⅠの「ヒステリックなマネジメント」ですが、これはⅡの「君主型のマネジメント」をさらに、起きていることを見ずに、「俺の言っていることは正しい」とヒステリックになった状態で、問題提起していく流れのマネジメント言説です。実はこれはⅣの「本質を捉えるマネジメント」が本質的な意味するものを見立てた時に、それをもってまた実際に起きていることを見ない時に起こりがちでもあります。

目標や指標、ルールなど「意味を設定したもの」であっても、本質的な「意味するもの」であっても、「問題と思うこと」であっても、それが〝実際〟に「起きていること」なのかどうかがマネジメントにおける肝要なことです。

次からは『〝実際〟に向き合っていくためのマネジメント技術』を解説していきます。

◆技術の前にマネジメント者として大事な情緒資本について

先ほどのマネジメントの言説の図でもありましたが、現実の実体を掴んで、問題が何であるかを見つけ、問題の根拠である〝意味するもの〟を発見し、そこからまた起きていることを見ていくことは、組織における人の育成において必要不可欠なことだと思います。

ですが、そのことをわかったとしても、マネジメント側が、自分がこれまで部下にやってきたことをひっくり返さなければいけないことまでになってくると、これまでとの自分がやってきたこととのつじつまが合わなくなるため、「しない・変わらない」あるいは「つじつま合わせを施す思考とアクション」をしがちです。それは育成ではなく、相手の成長を阻む〝逆生産〟になります。

『相手の成長は、マネジメント軸ではなく、相手軸であること』

このことがとても肝要です。例えば、まだ動きの比較的良いほうのマネジメント者が、部下の成長を考えて部下のありたい姿を描いた育成ビジョンを策定したとします。ただしこの時、部下がマネジメント者よりも本人自身が描く自分自身の成長ビジョンが上回っていれば、マネジメント側はそれを認めた上で、マネジメント側が考えたビジョンと本人の描くビジョンの共存を考えてアクションを起こすことが必要です。つまり、時にはマネジメント者自身が自分の考え方をひっくり返す必要性があるのかどうかも考え、そこからあらためて相手の育成ビジョンを再考し、具体を実行し、また相手がマネジメント側が策定した育成ビジョンを上回ることを願いかかわっていくことです。これができるかどうかは、経営者ならびにマネジメント者の考え方・かかわり方次第です。

育成スパイラルとマネジメント技術の話に入る前に、情緒資本を活かさないと何もできない、そんな実際にあった話をもう少し紹介します。

ある企業で、新入社員が入ってきてもすぐに仕事を覚えられて実務を動かせることができるようにするための、企業内の業務整理のプロジェクトを担っていたプロジェクト・リーダーがいました。そのリーダーはプロジェクト・メンバー一人一人と目的とプロジェクトのゴール、ならびにその後の社内外のありたい状態までを話し合い、お互いにイメージを持ち合うことにスタートは注力し、その甲斐もあってプロジェクト・メンバーの士気も高い状態でプロジェクトを進めていました。

ある日、プロジェクトを進めている節目のタイミングで、労いも兼ねてプロジェクト・メンバーで会食をしようということになりました。段取りとしては社内の福利厚生費が使えるので、今回はそれを事前に申請して会社の経費で会食しようということになりました。

プロジェクト・リーダーは、何でも自分ではやろうとしません。メンバーと業務は分担し、任すところは任せて、あとで任せるだけではなく確認も怠ることはないのですが、その福利厚生費の申請を頼んでおいたメンバーが申請を失念してしまい、会食を終えた後の経費精算の申請の際に社内で未提出の指摘を受けました。そのプロジェクト・リーダーは普段、組織運営において相手が役員、社長に関係なく、意見をはっきり言うタイプでしたので、その経費申請漏れの件では特に一部の役員からやっかみを受けていたので、ここぞとばかりに厳しく言われたそうです。そのプロジェクト・リーダーは指摘を甘んじて受け止めたそうですが、今まで言われっぱなしだったその役員はしつこく社長に「あいつはああいうところがあります」とイメージ・ダウンンに躍起になっていたそうです。その上で「仕方ない、今回は大目に見て申請していいが、今後は気を付けるんだぞ」と言われて経費申請を出しなおすように指示してきたそうです。申請漏れをしたプロジェクト・メンバーからはプロジェクト・リーダーに対してお詫びがあったそうですが、プロジェクト・リーダーは「なにも問題ない、最終確認していなかった俺が悪い。それより今回作成してくれた○○の件、いいまとめ方をしていたから、それを使ってほかの資料も加筆しておいてね。」と言って話の目先を変えて促していました。

ちなみにプロジェクト・リーダーは会食代の経費精算をそのあとしたかというとしていません。「企業内にいるわけだし、したほうがいいのはわかるけど、これでは仕事とは違うことでの屈する形になる、なので関係ない、自腹で結構!」といって出さないままで終わったそうです。そのことは役員たちには伝えていません。当てつけになるから、それがしたいわけではない、とのことでした。ですので、懇親会をしたかどうかも社長や役員はそもそも関心をもっていないので知りません。ちなみに、ここぞとばかりのイメージ・ダウンに躍起になっていた役員は、あとでその申請を出したかどうかは確認をしていません。当然ながら社長も気にしていません。

これらの一連のことをどう思いますでしょうか。これを読んでいる方々はそれぞれの考えがあると思いますのでこのプロジェクト・リーダーの考えや行動について賛否両論あると思います。特に経営者やマネジメント者の〝立場〟の人たちからすれば、「素直ではない」というような良くないこととして判断する考え方を持つ人もいるかと思います。「プロジェクト・リーダーもそんなムキにならず、ミスはミスなのだから申請すればいい。そうしないと規律が乱れる」というマネジメント側が〝自分たちの都合でマネジメントしやすくする思考基準〟で思うこともあるかもしれません。

私がこの実例について言いたいのは、社長あるいは役員やマネジメント者が、社員のことを自分たちに都合の良い考え方で「あいつはこんなところがある」や、「あいつは○○なところが足りない」と言うことが多々あるということです。それは社長あるいは役員やマネジメント者が、自分の会社もしくは自分がヒエラルキーの構造で上の立場であることを活用して社員のことをみて、自分たちが気に食わないことがあると社員の人格にまで口を出し、浅はかな批判する、ただそれだけのことをしているだけということです。

退職を引き留めて、それでも辞めるとなったら、その退職した社員への不満や文句をほかの社員に言いふらす経営者もいます。どんなにまわりから慕われていてもそれが表面的で、見えないところで人を見下す役員もいます。仕事の用事でもないのに会社の経費で高い酒を飲んで、電車で帰れなくなる理由をつくるために終電がなくなるまで時間を潰し、あげくに自分の御用達のベンツのタクシーを呼んで帰宅して、それも経費扱いをするようなマネジメント者もいます。そういう経営者やマネジメント者たちは、かならず社員には見透かされています。経営者やマネジメント者が、社員や部下に感じる不安や不満は、実は自分たちがつくりだしているのです。

経営者やマネジメント者は「聖人君子であれ」とは思いません。ですがまわりはみんな〝知っている〟ということです。知っていて指示・命令を受け入れざるを得ない状況下で仕事をしているということです。かさねがさね、聖人君子になる必要はありませんが、経営者やマネジメント者は〝自分の立ち居振る舞いに自律性を持つこと〟は必要であると考えます。その上でこのあと解説する育成スパイラルとマネジメント技術が参考になって頂けると幸甚です。

◆育成スパイラルとマネジメント技術について

人の育成には、相手の〝個々の状態〟があり、それぞれの状態で起きていることから問題を見つけて、意味するものにかかわっていくことです。今回はその〝起きていること〟を、「状態」として捉えたときに、どんな状態の時に基本的なかかわり方はどう考えた方が良いか、これを体系化して、それぞれの状態を次に進んで行くためのかかわり方をマネジメント技術として解説していきます。

図9を確認ください。

図のように、例えば人は(A)の何かが〝できている・できるようになっている状態〟から、(B)の〝新しいことに挑戦するという状態〟になるためには、本人の考え方や意思の変化が必要です。そういう時のマネジメント技術を「マインドセット」と言います。さきほどの経営者や役員、

図9

育成スパイラル

下記のように、強弱はあれど、どこかの状態に社員がなっているときに、その状態から次に進んでもらうためのはたらきかけとしてマネジメント技術が必要。主にその技術をそれぞれ「マインドセット」「フィード」「ケア」というアプローチ技術として整理しています。これらの技術を使うことで育成コミュニケーションを機能させ、これに「マネジメント者としての判断ロジック」を持ち、さらなる積み上げをしていくことに向かっていくこととします。

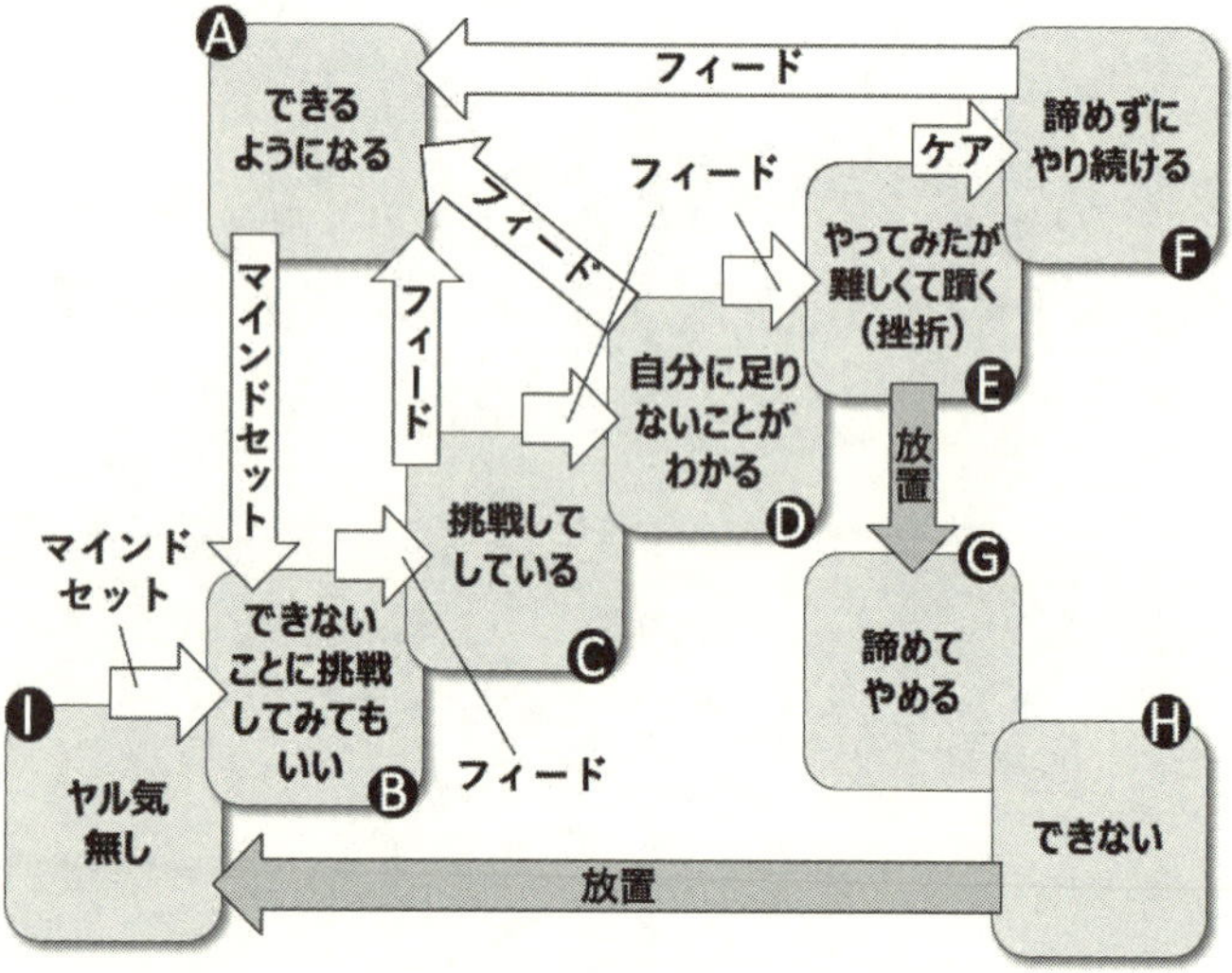

社員の状態がどこの位置なのかを見立てて、状態に応じたアプローチ技術を使うこと。その際、やってはいけないのは「放置」。このマネジメントの“逆技術”を使うと、“逆生産”を生んでしまう。

マネジメント者が引き起こす情緒資本の破壊ではない場合での、部下が(I)の〝やる気がない状態〟の時に、その思考転換として必要なマネジメント技術です。

そのマインドセットが功を奏したら(B)の〝部下が新しいことに挑戦してみてもいい状態〟につながっていきます。次にそれを(C)の実際に〝挑戦している状態〟にすることへのつなぎ、その挑戦をしたことによる(D)の〝自分に足りないところやどんな要素が必要なのかに気づいてもらう状態〟へのつなぎ、さらにそれで(A)の〝できている・できるようになっている状態〟につながるか、もしくは(E)の〝大変で難しくて躓いている状態〟のどちらかへとつながっていきます。ちなみに(E)の〝大変で難しくて躓いている状態〟だとよくないのではないかと言われることもありますが、(E)であったとしても、それは成長するために経験すべき状態です。これらのつなぎには、すべてにはたらきかけがあることが必要です。これらのそれぞれの状態を次の段階に進めていくためのマネジメント技術を「フィード」と言います。ただし、(E)の〝大変で難しくて躓いた状態〟から(F)の〝諦めずにやり続けているときの状態〟に進めるには「フィード」よりも「ケア」というマネジメント技術が必要です。(E)の〝大変で難しくて躓いた状態〟を放置していると(G)の〝諦めてやめてしまう・動きを止めてしまう状態〟に陥ります。そしてそれは(H)の〝できない・できていない状態〟へとつながり、さらにそれを放置し続けると(I)の〝やる気がない状態〟まで落ちていきます。気を付けることとして、みなさんやっていないように思えて、実は結果として自分の思考とアクションに対して「放置」してしまっていないかは注意を払うことが肝要です。

これらの「マインドセット」「フィード」「ケア」というアプローチ技術の具体例をそれぞれこのあとに解説していきます。また「フィード」については、普段みなさんも〝フィードバック〟という言語で使っていることもあると思いますが、あらためてそのフィードには〝フィードバック〟と〝フィードフォワード〟の二種類があるということ、そしてそれぞれの定義はどういうことか、どんな場面でどう活用するのかを分けて解説していきます。

これらの技術を使うことで育成コミュニケーションを機能させ、これにそれぞれが積み重ねていく、あるいは積み重ねてきた「マネジメント者としての判断ロジック」を重ね合わせ、メンバーのコンディションの良化をつくりあげていくことに向かっていくことが肝要であるとします。「放置」については、ついやってしまいがちですので、やってはいけないという意識だけはしておかれてください。「放置」というマネジメントの〝逆技術〟を使うと、〝逆生産〟を生み出します。やらないとは思いますが、言い換えれば組織コンディションを壊したいときにはとても効果的な方法ではあります。そういう両面を見る視点でいると「マインドセット」「フィード」「ケア」の効用も実感できるかと思います。

◆マネジメント技術その1：「マインドセット」について

「マインドセット」とは、対象の部下が「できないこと・まだできていないこと」に対し、「挑戦してみようと思える状態をつくること」です。マインド・コントロールではありません。本人の自律性を引き出す〝はじめの一歩〟をつくりだすマネジメント技術のことです。

ここでマネジメント側に自覚してほしいのは、部下のモチベーションが低いのは〝すべて部下のせいではない〟ということです。では何か？　それは〝マネジメント側の部下に対する、かかわりや考える熱量〟です。これが冷めていたり、低いことにより、部下は〝孤独〟の状態になります。具体的に言うと、マネジメント側が自分にとって都合が悪いことが起きたときに、それを何らかの形でごまかしたり、自分ではない誰かの話にすり替えたりがあると、それは結果として自分の正当性を担保していることによる、相手を無視することになりますので、マネジメント側が引き起こしている部下の逆生産モチベーションです。

それによって、「そうか、○○さん（上司）からはそう思われていたのか…」という上司へのバイアスがつくられます。そのバイアスは部下がつくっているのではありません、マネジメント側がつくっています。部下の思考をジャマしているのはマネジメント者です。この部下の思考をジャマしている状態がすでにつくられてしまっているケースも含め、これを突破する方法は一つしかありません。それはマネジメント者が部下に対して『謝』を示すことです。これを読まれているマネジメントに携わっているみなさんは、部下に対して自分の間違いを本気で謝ったことはありますでしょうか？　ごまかしたり笑いまじりで謝ったり、遠回しに何かのせいにして自分の間違いを回避するようなことはしていませんか？　あるいは口先だけではなく本当に部下に対して感謝をしたことはありますか？　感謝よりも〝やって当たり前〟が先行していたり、自分にとって〝利〟があったときだけ感謝している（フリに近い）ことなどはありませんか？　みなさんが部下だったとき、そういうのを目の当たりにしたときはどう思っていましたか？

部下が「できない・まだできていない」と思っていることを「できない・できていないことに挑戦してもいい」と思ってもらうためには、部下のネガティブなバイアスを外すことが必要です。『謝』はそのバイアスを外すときに、ここでは〝技術として〟使います。『謝』とは、「感謝」であり、「謝罪」であり、「謝恩」などのことです。それを伝える「マインドセット」とは、相手のことを相手以上に考え抜く、相手の思考を勝手に心配して具体的に想像して話す技術です。これができて、はじめて伝えたことが〝相手に届く〟ができるようになります。

❖「マインドセット」の実施手順

まずは、部下に伝えるための「マインドセット」のシナリオをつくってみましょう。図7の流れで内容を策定していきます。

マインドセットの目的は、「挑戦してみようと思える状態をつくること」ですので、その伝えるポイントの大きくは、「理想と未来について」、「過去から現在へ」、「変化のために必要なこと」のこの三つを考えて伝えることです。これら三つは、言うなれば部下が挑戦してみようと思える状態になるための〝条件〟と思うと理解して、作成しやすいかと思います。図10は作成する際のフォーマットですので、このような形で書き出して、それぞれの枠の中に①から⑩までのことを考えて書き出してみてください。

図10

マインドセットのシナリオ作成手順

＜会社のこと＞		＜部下のこと＞
①組織の理想を描く 自分のつくりたい組織、実現したい組織の状態、メンバーたちの働きぶり、お客さまの喜ぶ顔などの理想型を勝手に設定する ④本来の理想を伝える 理想的な組織のあり方について自分なりに想像できることを話す ⇒部下が「上司とは安全な関係性である」と感じてもらえるように努める	理想と未来について	②部下の理想を描く 相手にそうなってほしいものを勝手に設定する ⑦未来の理想を相手に伝える ⇒部下が「自分のことを考えてくれている」とわかるように努める ⑧その未来を一緒に目指す約束をする ⇒部下が「自分の未来が上司と共有されている」と知れるように努める
③現在の部下への感謝と謝罪 今の会社の状態を自分なりに想像して自己開示し、このテーマについて自分が感じていることを正直に話す ⇒部下からの信用の回復に努め「話をしたら聞いてもらえそう、話を聞いてみる価値がありそう」と思われるように努める	過去から現在へ	⑤相手の価値観を知る 「相手が大切にしているもの」を探して知る ⇒部下が「上司は自分が大切にしていることを理解してくれている」と感じてもらえるように努める ⑥お互いの間で「大切なこと」を決める ⇒部下が「自分が大切にしていることは上司と共有できている」と感じてもらえるように努める
⑩部下に貢献することを約束する 上司として自分として、部下の努力に対して具体的にどう協力していくかを伝える ⇒部下が「ちゃんと一緒に理想に向かってもらえている」とわかるように努める	変化のために必要なこと	⑨アクションの変化をつくる 明日から部下の行動が変化するための具体的な仕方を明示する ⇒部下が「自分の理想に向かってすべきことがわかっている」と感じてもらえるように努める

作成したら実際は、③⇒④⇒⑤⇒⑥⇒⑦⇒⑧⇒⑨⇒⑩の順で伝えていく

手順⓪　対象者を選定する

部下の中で、前図で解説した「育成スパイラル」のそれぞれの状態の中で、これまでも当人ができていることはあるが、あらたにできることを増やしてほしいと思う人、もしくはマネジメント側がつくりだした部下のネガティブバイアスによって、コンディションが芳しくない人のいずれかで選定する。

手順①　組織の状態を描いたものを書き出す

市場につくりたい世界観の実現のために、マネジメント者がつくりたい・実現したいと思う組織、部下の働きぶり、顧客の喜ぶ顔など理想型を勝手に想像して設定する。

手順②　部下の理想を描いたものを書き出す

部下になってほしい状態、部下のパフォーマンスが発揮する可能性が広がるできることなど、具体的になってほしいことを勝手に想像して設定する。

手順③　現在の部下への感謝と謝罪を考えて書き出す

今の会社の状態を自分なりに想像して部下に自己開示し、このテーマについて自分が感じていることを正直に話す。現在の環境下での部下への感謝することと、謝罪が必要だと思うことを考える。部下からの信用の回復に努め、部下から「話をしたら聞いてもらえそう、（上司の）話を聞いてみる価値がありそう」と思われるように努める。

手順④ 本来の理想を伝えることを書き出す

理想的な組織のあり方について自分なりに想像できることを話す内容を考える。

①でつくったものを、ここまでつくった①〜③までの内容をふまえて加筆する。

その上で、部下が「上司とは安全な関係性である」と感じてもらえるように努める。

手順⑤ 相手の価値観（考え方）を想像して書き出す

「相手が大切にしているもの」を探して知ることと、部下が「上司は自分が大切にしていることを理解してくれている」と感じてもらえるように努める。

手順⑥ お互いの間で「大切なこと」を決める

⑤でつくったものを、ここまでつくった①〜⑤までの内容をふまえて加筆する。

部下が「自分が大切にしていることは上司と共有できている」と感じてもらえるように努め

る。

手順⑦　未来の理想を相手に伝える

①でつくったものを、ここまでつくった①〜⑤までの内容をふまえて加筆する。
部下が「自分のことを考えてくれている」とわかるように努める。

手順⑧　その未来を一緒に目指す約束をする

⑦でつくったものを、ここまでつくった①〜⑦までの内容をふまえて加筆する。
部下が「自分の未来が上司と共有されている」と知れるように努める。

手順⑨　アクションの変化をつくる

明日から部下の行動が変化するための具体的な仕方を明示する。
部下が「自分の理想に向かってすべきことがわかっている」と感じてもらえるように努める。

手順⑩　部下に貢献することを約束する

上司として、自分として、部下の努力に対して具体的にどう協力していくかを伝える。

部下が「ちゃんと一緒に理想に向かってもらえている」とわかるように努める。

ここまでのものがつくれたら、今度は実際にそれを対象の部下に作成したものを、③⇒④⇒⑤⇒⑥⇒⑦⇒⑧⇒⑨⇒⑩の順で伝えていきます。

具体的に一つ作成してみます。

例えばある自動車販売店でこれからマネジメントに携わることを担う社員がいたとします。現場スタッフからマネジメント者になるときは、当然これまでとはちがう新しいことへの挑戦です。これを経営や元々のマネジメント側からすれば、昇格したことによる期待感は伝えるのですが、「マインドセット」までしているところは少ないです。逆にマネジメントに携わるのだからとして、すぐに業績を求めているところは多いです。育成していないのに、「これまでの経験があるのだからやれ」というパターンです。結果ばかりを先に言う、もしくは社員には数字の話ばかりしかしない、あるいは社員からはそう思われてしまっている経営者や経営者に忖度をしているマネジメント者に一番多いパターンです。そうではなく、どういうマネジメント者に育てていくのか、一人一人の個性をどう活かしていくのか、それによって顧客に対して何ができるどんな存在になってほしいのか、こうしたことの設定とかかわりが業績をつくっていきます。現場のスタッフを育てるのも、マネジメント者を育てるのも、拙著の冒頭で書きました弓矢の話と同じです。

作成手順に沿ってまずは書き出してみます。
※先に説明しました、加筆する同列の項目はすでに加筆した状態の例で記載します。

【手順① 組織の状態を描いたものを書き出す】
【手順④ 本来の理想を伝えることを書き出す】

『これまでは経営ボードが役職を決めてきたが、これからはみんなでこの会社を楽しくて、活気があって、お客さんと一緒に生きていく会社にしていくためにもみんなが選んだマネージャーと一緒に進んでいこうと決めた。それは、二年前に立て直すために、みんなの声から変わっていこうというのがあったことが転換期だった。少し複雑な気持ちになるかもしれないが、そう遠くはない時に創業者の会長が離れていくことも心しておかなければならない。その時のために社員一人一人が成長していくためにも、会長に「ワシがいなくても大丈夫だな」と思ってもらいたい。お客さんには「やっぱりここに任せておくのが一番！」と思ってもらえるような会社であり続けること、お客さんだけではなく、今までウチに携わって支えてきてくれた人たちにも、そしてこれから一緒にそれをつくっていく仲間にも思い続けてもらえるような会社にしていきたいと思っている。』

【手順② 部下の理想を描いたものを書き出す】
【手順⑦ 未来の理想を相手に伝える】
【手順⑧ その未来を一緒に目指す約束をする】

『今回のことでまわりは○○にマネージャーとして現場を引っ張ってほしいと思っていることが明確になったが、経営側もほぼ同じ考えだ。現場と経営側が同じ考えでいること自体、現時点でとてもいい状態からスタートできると思っている。現場のメンバーの思いに付け加えるとするならば、○○には順調なときはもちろんのこと、どんな厳しい状況あっても、目の前に壁が立ちはだかったときに「どうすればできるか?」を考えて、一つ一つ良いことを積み上げていける、そんな堅牢かつ積極的な存在であってほしいと思っている。当然みんなを引っ張ることも必要とされてくるが、引っ張るという言葉の意味を、現場で起きていることの場面々々で、自分なりでいいので考えて理解するように努めてまわりとかかわり、時にはまわりに引っ張ってもらうこともあえてしてみるなど、そういうバランスを取ることができる存在になってほしいと思っている。すぐにというわけではない、目指すということに意味がある、焦らなくてもいい。』

【手順③　現在の部下への感謝と謝罪を考えて書き出す】

『今後のことを考えると、営業だけではなく、フロントや保険、サービスなど、多岐にわたりかかわっていくことが求められる。そのあたりは○○自身にこれまでにない、大きなプレッシャーとしてのしかかってくると思う。それをこれから任せていくということでは体制が万全ではないところからのスタートとなることに心苦しく申し訳ないと思っている。だが相反するように聴こえるかもしれないが、それらをすぐにはできるようになれとは思っていない。経営側のサポートは必要と思っているし、していくつもりだ。話合いながら少しずつどれを引き受けてもらうかは決めていきたい。体制は一緒につくっていくというつもりでいる。』

【手順⑤　相手の価値観（考え方）を想像して書き出す】

【手順⑥　お互いの間で「大切なこと」を決める】

『○○はみんなで頑張れて、みんなで節目に楽しく騒げることがあって、とにかくみんながやりがいを感じてくれる状態になることを大事にしていると思う。だから対応する人によっては、自分よりも先輩に対しては、先輩後輩という関係からやりづらさを感じることはあっても、必要だと思えば自分の言うべきことは言おうと努力をしていってほしい。一方で自分の担当顧客への対応のせわしさから、後輩の面倒を見てあげられていないことに自分のふがいなさも感じることもあるかもしれない。でも、まず最初に大事なのはそうやって思っていて、それを見過ごしたり、放置したりしていないことだと思う。その思いを、今後は思うだけではなく、まさに「どうすればできるか?」を考えて一つ一つ良いと思ったことを具体にしていくこと、これを経営陣と○○との大切なこととしたい。』

【手順⑨ アクションの変化をつくる】

『具体的には二つのことに取り組んでほしいと思っている。一つ目は、自分のお客さんへの対応をお客さんからみても、手を抜かれているとかネガティブに思われないことを担保しながら自分の動きを変化させること。つまりもっと具体的に言うと、外出を減らし、店内にいること。ただしこれまでの○○の動きだとそれは難しい、厳しいという話になると思う。それを「どうすればできるか?」を考えて一つ一つ変化していくため〝小さくても進むこと〟をしていってほしい。社内にいることでまわりには声を掛けられる機会を与えられることになる。これは○○が今後最優先に挑戦をしなくてはならないことだと思っている。二つ目は、査定士の資格に合格すること。資格を取ればいいというわけではないが、質実ともにそれを持っているマネージャーということで長期的な視野での、この会社のマネージャーのロールモデルを○○がつくったという形になってほしい。これも一つ目同様、焦らず「どうすればできるか?」を考えて一つ一つ変化していくための小さくても進むことをしていってほしい。』

【手順⑩ 部下に貢献することを約束する】

『そのためにも、まずは経営陣と一緒に最初の一年間をどう活動していくか計画を立てていこう。マネージャーとしての最初の一年間の行動計画を立てるというイメージでいてほしい。これを手伝う。まずは○○が社内にいるためには、まわりとどう連携をとればいいか、どういう体制をつくり、どんな指示を出していけばよいかを一緒に考えよう。もちろん査定士の試験を受けに行くときは外出ではあるが笑。社内にいる時間をつくる、そして査定士が受かる。この二つに関することに協力が必要とされることにかかわっていくつもりだ。』

という感じです。
そしてこれを次に、③⇩④⇩⑤⇩⑥⇩⑦⇩⑧⇩⑨⇩⑩の順で並べ替えて「マインドセット」で伝えるシナリオのようなものとして、細かい部分を調整しながら仕上げていくと左記のようになります。

〈具体例のマインドセット全体〉

今後のことを考えると、営業だけではなく、フロントや保険、サービスなど、多岐にわたりかかわっていくことが求められる。そのあたりは○○自身にこれまでにない、大きなプレッシャーとしてのしかかってくると思う。それをこれから任せていくということでは体制が万全ではないところからのスタートとなることに、心苦しく申し訳ないと思っている。だが相反するように聴こえるかもしれないが、それらをすぐにはできるようになれとは思っていない。経営側のサポートは必要と思っているし、していくつもりだ。話合いながら少しずつどれを引き受けてもらうかは決めていきたい。体制は一緒につくっていくというつもりでいるよ。

これまでは経営ボードが役職を決めてきたが、これからはみんなでこの会社を楽しくて、活気があって、お客さんと一緒に生きていく会社にしていくためにもみんなが選んだマネージャーと一緒に進んでいこうと決めた。それは、二年前に立て直すためにみんなの声から変わっていこうというのがあったことが転換期だった。少し複雑な気持ちになるかもしれないが、そう遠くはない時に創業者の会長が離れていくことも心しておかなければならない。その時のために社員一人一人が成長していくためにも、会長に「ワシがいなくても大丈夫だな」と思ってもらいたい。お客さんには「やっぱりここに任せておくのが一番！」と思ってもらえるような会社であり続けること、お客さんだけではなく、今までウチに携わって支えてきてくれた人たちにも、そしてこれから一緒にそれをつくっていく仲間にも思い続けてもらえるような会社にしていきたいと思っている。

○○はみんなで頑張れて、みんなで節目に楽しく騒げることがあって、とにかくみんながやりがいを感じてくれる状態になることを大事にしていると思う。だから対応する人によっては、自分よりも先輩に対しては、先輩後輩という関係からやりづらさを感じることはあっても、必要だと思えば自分の言うべきことは言おうと努力をしていってほしい。一方で自分の担当顧客への対応のせわしさから、後輩の面倒を見てあげられていないことに自分のふがいなさも感じることもあるかもしれない。でも、まず最初に大事なのはそうやって思っていて、それを見過ごしたり、放置したりしていないことだと思う。その思いを、今後は思うだけではなく、まさに「どうすればできるか？」を考えて一つ一つ良いと思ったことを具体にしていくこと、これを経営陣と〇〇との大切なこととしたい。

今回のことでまわりは〇〇にマネージャーとして現場を引っ張ってほしいと思っていることが明確になったが、経営側もほぼ同じ考えだ。現場と経営側が同じ考えでいること自体、現時点でとてもいい状態からスタートできると思っている。現場のメンバーの思いに付け加えるとするならば、〇〇には順調なときはもちろんのこと、どんな厳しい状況あっても、目の前に壁が立ちはだかったときに「どうすればできるか？」を考えて、一つ一つ良いことを積み上げていける、そんな堅牢かつ積極的な存在であってほしいと思っている。当然みんなを引っ張ることも必要とされてくるが、引っ張るという言葉の意味を、現場で起きていることの場面々々で、自分なりでいいので考えて理解するように努めてまわりとかかわり、時にはまわりに引っ張ってもらうこともあえてしてみるなど、そういうバランスを取ることができる存在になってほしいと思っている。すぐにというわけではない、目指すということに意味がある、焦らなくてもいい。

具体的には二つのことに取り組んでほしいと思っている。一つ目は、自分のお客さんへの対応をお客さんからみても、手を抜かれているとかネガティブに思われないことを担保しながら自分の動きを変化させること。つまりもっと具体的に言うと、外出を減らし、店内にいること。ただしこれまでの○○の動きだとそれは難しい、厳しいという話になると思う。それを「どうすればできるか？」を考えて一つ一つ変化していくための〝小さくても進むこと〟をしていってほしい。社内にいることでまわりには声を掛けられる機会を与えられることになる。これは○○が今後最優先に挑戦をしなくてはならないことだと思っている。二つ目は、査定士の資格に合格すること。資格を取ればいいというわけではないが、質実ともにそれを持っているマネージャーということで長期的な視野での、この会社のマネージャーのロールモデルを○○がつくったという形になってほしい。これも一つ目同様、焦らず「どうすればできるか？」を考えて一つ一つ変化していくための小さくても進むことをしていってほしい。

そのためにも、まずは経営陣と一緒に最初の一年間をどう活動していくか計画を立てていこう。マネージャーとしての最初の一年間の行動計画を立てるというイメージでいてほしい。これを手伝う。まずは○○が社内にいるためには、まわりとどう連携をとればいいか、どういう体制をつくり、どんな指示を出していけばよいかを一緒に考えよう。もちろん査定士の試験を受けに行くときは外出ではあるが（笑）。社内にいる時間をつくる、そして査定士が受かる。この二つに関することに協力が必要とされることにかかわっていくつもりだ。

以上です。この内容を対象者と会話をしながら伝えて「マインドセット」をしていきます。これはあくまでも例なので、ここまでのものではなくとも、部下のことを考える手順としてはぜひ自分なりでいいので考えてつくりだして、それを自分の組織の中で、「できないことに挑戦してみてもいい」と思ってもらいたい人、マネジメント側がつくりだした部下のネガティブ・バイアスによってコンディションが芳しくない人、あるいは何かしらの理由でモチベーションが下がっている人に対して活用してみてください。また「マインドセット」のその先は、メンバーの育成計画にもつながるものでもあります。マネジメント者が部下の育成計画を策定したときの最初の部下へのアプローチは、部下本人の「よし、やってみよう！」と思ってもらえる気持ちや状態をつくるための「マインドセット」です。

◆マネジメント技術その2：「フィード」について

図9にも書いております「フィード」とは、思考やアクションが次に進むために必要な〝テーマ＝課題〟を相手に与えることです。ここで「フィード」とは論点は違うのですが、〝テーマ＝課題〟についてもマネジメントにおいてはその意味を理解しておくのはとても重要なことなので先に記しておきます。

よく日常の仕事における会話の中で、〝問題〟と〝課題〟ということばを口に出すことがあるかと思います。

マネジメント側がこの〝問題〟と〝課題〟の解釈・使い方を誤ると部下への発信がずれて伝わりにくいということを招きます。

〝課題〟は〝問題〟ではありません。問題解決のために取り組む〝テーマ〟です。部下とのやり取りの中で、「問題」を「課題」と言ってみたり、あるいはその逆だったり、顧客などの取引先との場面においても、「問題」と「課題」を交錯して使っていることがよく見受けられます。例えば取引先に対して取り組むテーマを伝えたいのに、「社員の意識が良い状態になっていないというのが〝課題〟ですね」と伝えてしまったり、「〝問題〟はこのあと○○に取り組むことです」と伝えてしまうことが起きがちです。正しくは、前者は「社員の意識が良い状態になっていないというのが〝問題〟ですね」で、後者が「〝課題〟はこのあと○○に取り組むことです」です。

誤った使い方をしていると、なんとなくニュアンスがその方向ではあるけど、実際には相手に伝わりにくい状況をつくってしまうことにつながっていきます。そうなると一見やり取りができているように見えつつ、実際には相手とのコミュニケーションは〝わかったふり〟をお互いにしているだけで成立していないことにもなりかねないです。話の中身の前に、「伝えていることに対して、「何を言っているのか？」という手間が増えることを引き起こしているやり取りになっているからです。この場合、相手がしっかりされた方ですと、「課題と問題をちゃんと区別できてないで話しているな…」と思われて、商談などでは相手がこちらのことを信頼はおろか信用しきれない状況にさせてしまっていることも起こります。

別の観点からも〝課題〟とは何かの理解を深めてみます。

「冬の乾燥した季節は肌荒れになりがち」

これは実際に〝起きていること〟であり、〝肌荒れ〟はその人が嫌なこととして捉えていて、〝なんとかしたい〟と思っていたら〝問題〟となります。当人が〝肌荒れ〟を気にしていなければそれは〝問題〟にはなりません。

例えば、その「なんとかしたい」かどうかが分からない場合に、〝もしかしたら肌荒れをなんとかしたいと思っているのでは？〟と想定すると、それは〝仮説としての問題〟になります。

何かを「解決したい」となった時に、〝取り組むべきテーマは何か？〟と言うのが〝課題〟です。

例えば上記の流れで言うならば、

(例)「乾燥している季節における、肌荒れ対策」

(例)「冬の乾燥時期でも肌の潤いを保つこと」

のようなテーマが〝課題〟になります。

〝課題〟とは〝課せられるお題目＝テーマ〟のことです。

そういう意味で「フィード」とは、部下に対してものごとが次に進むための〝テーマ＝課題〟を、手法を駆使して与えるというマネジメント技術です。育成スパイラルの図9を見ても、(B)の〝できないことに挑戦してみてもいい〟状態から(C)の〝挑戦している〟状態に進むにも、(D)の〝自分に足りないことがわかる〟状態から(A)の〝できるようになる〟状態でも、(E)の〝やってみたが難しくて躓く〟状態でも、どれであっても次に進むためには、何かしらの取り組む〝テーマ=課題〟が必要です。

「フィード」の根本は、部下への〝テーマ=課題設定〟です。ただし、それは同時に部下だけではなく、マネジメント者自身にとっても課せられるものでなければなりません。「フィード」を部下にしっかり提供できているか否かで、マネジメントが為されているかいないかを左右する、と言っても大げさではないと私は思っています。また誤解を恐れずに言えば、この「フィード」をすっ飛ばして数字管理をしている経営者やマネジメント者は多いです。極端な人ですと「それは部下が考えるものだ」であったり、「俺が言ったことのほうが経験もあるから、まずは言うことを聞けばいい」として、〝テーマ=課題〟を活かさず、あるいはそれを考えてあげて提供せずにいる〝君主型のマネジメント〟をしているケースも見られます。一方で、〝自分でできる部下〟もいます。〝テーマ=課題〟を提供しない経営者やマネジメント者はその〝自分でできる部下〟だけをピックアップして、それ以外の部下に対して、「ウチの会社は生産性が低い」と言います。採用しているのは自分たちなのに、です。

〝テーマ=課題〟を与えずに、あるいはそうしたテーマ設定を大切にせずに数字（結果）だけ出せと言っている経営者やマネジメント者が、経営や商売そのものを変化させていないのであって、〝テーマ＝課題〟の中身を、経営者やマネジメント者が積極的に試行錯誤をしていないのが問題で、それが社員から「数字のことしか言わない」と思われている経営者やマネジメント者のイメージの原因です。

「フィード」には二種類の手法があります。次にその二種類のそれぞれのマネジメントスキルとその実施方法と手順を紹介していきます。図と一緒にご確認ください。

❖「フィード」の種類と実施手順

①フィードバック

フィードバックとは、部下が何かしらの経験をしたあとに、その内容について本人自身が考えて振り返りをすることができるために必要な〝フォームの矯正〟を促すことです。

この場でその技術という面で紹介するのは、「本人自身が考えて振り返りをすることができる」をつくるために有効な技術です。

図11

フィードバックのスキルについて

フィードバックとは“フォームの矯正”のこと

なので・・・

「相手に考えてもらう」をつくるために、「タラ・レバ」を有効活用してみる

勝負の世界では

こういうのはご法度と言われている

でもビジネスにおいては・・・

「タラ・レバ」は有効的なリフレクション（振り返り）となる

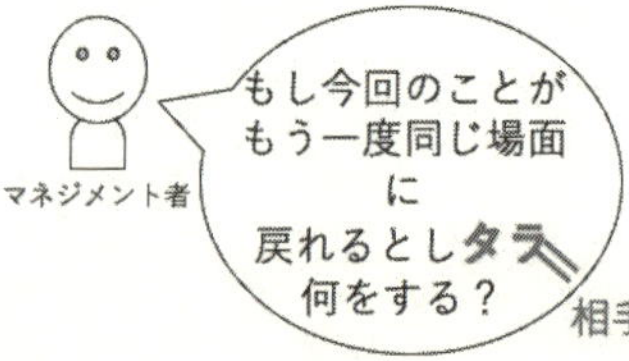

本人にとって質の高いケーススタディとして機能する

相手の考え方が聴ける技術

✓人は経験したことが一番学習でき、内的動機につながる。“タラ・レバ”で自分で想像できたことが次の機会において重要なプロセスになる

✓“タラ・レバ”は一見ネガティブにとられるが、ポジティブとネガティブは本来表裏一体

✓ポジティブとネガティブの相反するようにみえるものを共存させるスタンスとアクションがマネジメントの幅を広げられる、つまりネガティブはポジティブの“エサ”

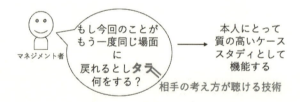

「タラ・レバを有効活用する」

勝負の世界に限らず、結果を求められる世界では、〝タラ・レバ〟はご法度というイメージがあるかと思いますが、実は〝タラ・レバ〟は、振り返りという行程においては〝気づき〟や〝発見〟をみつけやすくする有効的なマネジメント技術であり、ビジネスにおいてとても有効的なリフレクション（振り返り）となります。図11を参考ください。

例えば部下が何か会社の物を紛失してしまったとか、あるいは大事な商談でミスをしてしまったとします。そういう時に〝タラ・レバ〟を使って本人が考える環境をマネジメント側が提供をするのです。

マネジメント者が「もし紛失する前の状況に戻れるとし〝タラ〟、どんなことに注意する？」や「あの商談の○○の場面で何をしてい〝レバ〟、何が今と変わったと思う？」などです。これらは本人の「実際」を使ったケース・スタディです。自分のことですので想像と内省の質が高くなります。人は経験したことが一番学習でき、内的動機につながるからです。〝タラ・レバ〟で自分で想像できたことが、次の機会において重要なプロセスになっていきます。〝タラ・レバ〟

は一見ネガティブにとられることがほとんどですが、ポジティブとネガティブは本来表裏一体であることを感じとることもできます。
　これは部下の成長においてはとても大事な「ものの見方・考え方」になります。マネジメント者が、ポジティブとネガティブの相反するようにみえるものを共存させるように努めることで、部下のスタンスとアクションとマネジメント者のかかわりの幅を広げられます。つまり、ネガティブはポジティブの〝エサ〟です。それによって部下が〝未来の対応内容〟を語ってくれます。自ら思考するという状態になっていきます。

　フィードバックは、主に部下が何かしらの経験をしたあとに使うマネジメントスキルで、その経験の結果が経営者やマネジメント側にとって芳しくないと思うことであったときに、やりがちで気を付けなければいけないことがあります。それは〝マネジメント側の自己都合な感情を相手に当てること〟です。例えば、それは「〇〇ならもっとやってくれると思ったのになぁ」や「がっかりしたよ」、「もう少し状況を考えられるようになってもいいんじゃないか」などです。「その感情は誰の都合?」を問うとわかるかと思います。ですがそう思う経営者やマネジメント者の言い分としては、「効率悪い」や「収益がなかったらどうするんだ」などなのですが、そういう場合、誰が採用して誰がかかわっているのかを経営者やマネジメント者が内省することが必要かと思います。

フィードバックの質を高めるために、別の例もみてみましょう。もう一つの図12もご確認ください。

パターンAとパターンBのマネジメント者のかかわり方の違いが分かると思います。A、Bいずれもマネジメント者は、本人自身が考えて振り返りをすることができるために必要な〝フォームの矯正〟を促しています。ですが、部下からすればその内容を受け入れるレベル感が違うことが分かるかと思います。パターンBは〝ダラ・レバ〟を有効的に使ってみたケースです。

また、部下が次のステップに進んでいくために、何か問題点を見つけることや考察をするときは、〝仮説は二つ以上走らせる〟ことが肝要です。一つですとどうしても断定的になりがちで、かつ正解探しに走ってしまうことにもなりかねないからです。言われたことしかしないという部下を育てたいのであれば、仮説は一つだけでも有効的ではありますが。

ではどうやって二つ以上走らせるか？　ですが、シンプルにまずは〝部下とマネジメント者の考える仮説を二つ並べてみる〟ということです。これをやったとしても、経験値の高いマネジメント側のほうの仮説に流される部下もいると思います。マネジメント者はそういう状態もしっかり想定して、目の前に仮説を二つ並べるように努めるということです。実際に現場を担う人の進行形として起きていることに、マネジメント者も常に〝学ぶ〟をもって臨むことです。二つ並べることで、お互いに自分の都合でものを言っていることに気づけることもあります。

②フィードフォワード

フィードフォワードとは、部下が何かしらの経験をする前、取り組む前に、その取り組む意味や意義を明らかにして、アクションを起こすことへの納得感をつくることです。主に経験をする前の状態がフィードフォワードをするタイミングであり、本人の「内発的動機」をつくるために有効な技術です。フィードバックの質の善し悪しは、このフィードフォワードの出来いかんに左右されると言ってもいいくらいです。

フィードフォワードのパターンは大きく二つあります。それぞれどういうパターンなのか、

図12

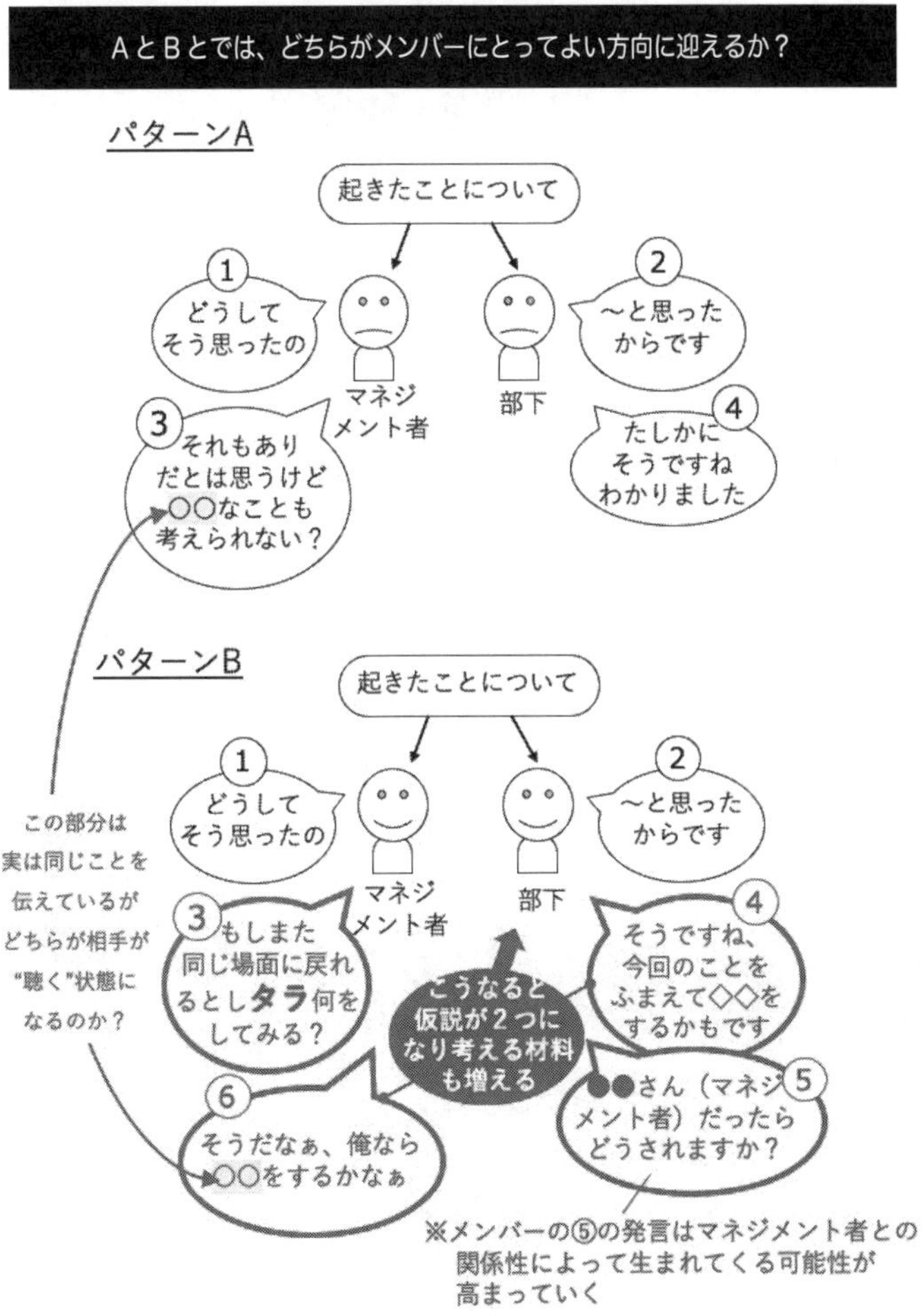
AとBとでは、どちらがメンバーにとってよい方向に迎えるか？
パターンA
起きたことについて
① どうして そう思ったの
マネジメント者
部下
② 〜と思ったからです
③ それもありだとは思うけど○○なことも考えられない？
④ たしかにそうですね わかりました
パターンB
起きたことについて
① どうして そう思ったの
マネジメント者
部下
② 〜と思ったからです
この部分は実は同じことを伝えているがどちらが相手が"聴く"状態になるのか？
③ もしまた同じ場面に戻れるとしタラ何をしてみる？
④ そうですね、今回のことをふまえて◇◇をするかもです
こうなると仮説が2つになり考える材料も増える
⑤ ●●さん（マネジメント者）だったらどうされますか？
⑥ そうだなぁ、俺なら○○をするかなぁ
※メンバーの⑤の発言はマネジメント者との関係性によって生まれてくる可能性が高まっていく

手法や具体例を紹介しながら解説していきます。図13も合わせてご確認ください。

パターン1：芯食い型

本質的に大事なことをしっかり伝え、その意味・意義をふまえて、部下自身がどう思うのかまでを汲み取って、アクションに落とし込んでいくパターンです。

わかりやすく言えば、「目的」をはっきりさせて取り組んでもらうのはこのパターンです。伝えることをするのがもちろん前提ではありますが、よりアクションを起こすための納得感を内発的動機として為すことが肝要です。

そういう難度があるという観点で主な手法としては、図13を確認ください。

手順1：マネジメント者が、少し先のポジティブな状態をイメージしたことを伝え、それに対する本人の感じたこと、考えたことを聴く。

↓本人がどう思っているのかを聴くことによってマネジメント側が、部下がどのレベルまで

図13

フィードフォワード　パターン1／芯食い型

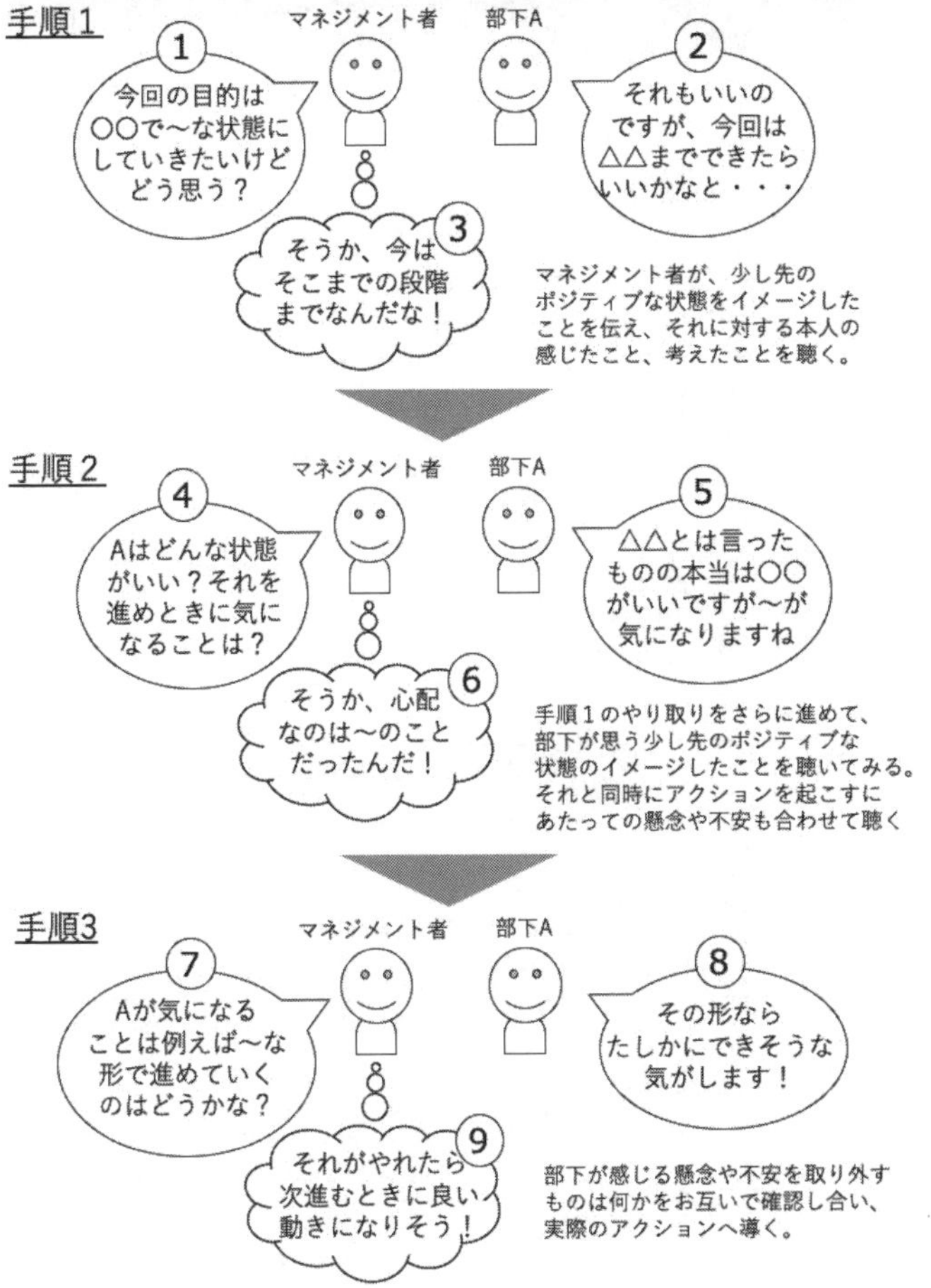

思っているのかを把握することが大事です。

仮にマネジメント側が望んでいるレベルまではなくても、そこで念押しすると説得しようとする行動から、相手には指示・命令として受け止められてしまいます。焦らずに相手の受け止めたレベル感をまずは知ることです。

手順2：手順1のやり取りをさらに進めて、部下が思う少し先のポジティブな状態のイメージしたことを聴いてみる。それと同時にアクションを起こすにあたっての懸念や不安も合わせて聴く。

→手順1同様に、マネジメント側が望んでいるレベルまで至らなくても、まずは本人が想像できたことがそういうことだ、と〝分かる〟ことです。つまりそれ以上を臨んでアクションをしてもらったとしてもその想像できたこと以上は起こりにくいからです。ただし、アクションを起こしたあとは、そのあとに何が必要なのかが本人にとっても明らかになります。マネジメント者は、部下の段階を受け入れてその次のことを想定しておくことが肝要です。

手順3：部下が感じる懸念や不安を取り外すものは何かをお互いに確認し合い、実際のアクションへ導く。

↓懸念や不安を取り外したいと部下が思っていればそれも「内発的動機」です。本人にとっての動きやすさをどこまでマネジメント者が許容できるかを判断することです。その判断はアクションを起こした次をどうするかを考えることでできるようにすることです。

パターン2：軽く背中を押す型

「軽く背中を押す」としていますので、本人の選択の自由を残しながら、自然に良い方向へ誘導し、無理のない形で変容を促すパターンです。芯食い型とは別のどちらかというと、〝思わずそれをしてしまう〟ような仕掛けをつくることです。そういう意味では芯食い型よりは難度が高いマネジメント技術かもしれません。指示・命令ではないことが求められます。

仕掛けるポイントとしては4つです。

（1）比較的簡単に取り組めること

（2）それをすることによって、何かしらの貢献性があること
（3）（関心が持てそうな）おもしろさがあること
（4）スピード感があること

これらのポイントですので、芯食い型よりは〝さっと取り組める状態〟をつくることが必要な時の技術になります。難度が高い理由は、先の仕掛けるポイントをもって「そうしてみようかな」程度の内発的動機をつくっていくことが必要だからです。

この軽く背中を押す型でよく知られているケースですと、男性の小便器を清潔に使用するためのケースです。よくコンビニのトイレなどでは「いつもキレイに使っていただいてありがとうございます」と謳っていますが、あれは軽く背中を押す型ではありません。むしろ、遠回しに「ちゃんとキレイに使えよ」という言葉遣いを丁寧にしただけの圧の強い嫌味です。「トイレは清潔に！」よりタチが悪いパターンです(笑)。軽く背中を押す型は、例えば、的のようなシールが貼られていたり、ハエの絵が描かれているようなケースです。あるいは足形のシールが地面に貼られているケースもあります。

この技術をマネジメント同士で磨くときは、こうしたよくあるケースを〝自分だったらどんな工夫をしてみる？〟というテーマでアイデア出しをしてみるとよいです。そのような形でア

イデア出しをしたケースで、小便器の前に立った時に自分の視力がわかる視力検査の貼り紙を貼るというアイデアが出たこともあります。たしかに見ようとするので、自然に一歩前に出ていることがつくられます。そしてそうやって軽く背中を押され、その取り組みをすると、例えばこのトイレのケースでは「清潔に使う」という目的が果たせていることがつくれるということです。誤解してはいけないポイントもあります。それはインセンティブを出して、その行動方向にさせるということです。そうした露骨なことではなく、〝思わずそれをしてしまう〟をどうつくっていくかということです。

図9の育成スパイラルの中における取り組みの例で言うと、例えば(B)の〝できないことに挑戦してみてもいい〟状態から、(C)の〝挑戦している〟状態になるためのフィードフォワード。

軽く背中を押す型で実際にあったのは、何か取り組みを一斉に始めるときに、「自分が動き出すときに相談したいことを、自分の組織を飛び越えて相談したい相手にする」ということをしたケースがあります。通常なら直属の上司ですが、それをすることで部下が相談したいことが何で、それは誰に聴くと解消もしくは解消の方向にいくのかということを自発的にしてもいいよという形にしたそうです。直属の上司からすれば自分のところに相談しに来ないという寂しさや悔しさはあるらしいのですが、それはまたあとでどんな相談があったのかをマネジメン

図14

「芯食い型」と「軽く背中を押す型」のかかわりかたの大まかな違い

パターン1 芯食い型	パターン2 軽く背中を押す型
フィードフォワード	フィードフォワード
“目的”を伝える	**“道筋・進め方”**を提示する
↓	↓
“経験”してもらう ※目的を押さえて考えて臨む	**“体験”**してもらう ※提示されたことをやってみる
↓	↓
“気づきと内省”を聴く	**“感想”**を聴く

※このタイミングでは「解」を教えないこと⇒感動を失くしてしまうため

パターン1

↓

フィードバック

“フォームの矯正”

パターン2

↓

“目的”を伝える

※体験したことの意味を種あかしする

↓

“経験”してもらう

※目的を押さえて考えて臨む

↓

“気づきと内省”を聴く

↓

フィードバック

“フォームの矯正”

部下のコンディション、経験値、まわりとの連携が必要な時期などによって、「芯食い型」と「軽く背中を押す型」を相手軸で使い分けることが必要

※「軽く背中を押す型」は理解を深めることが目的として“体験”から入るケースが多い

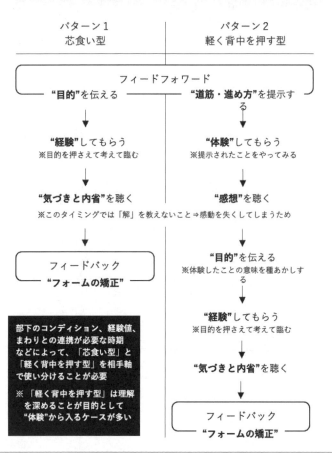

ト間で共有し合うことで、その後の直属の上司の動きも変わってきます。なにより部下本人が相談したいことを相談したい相手にできるので、(C)の〝挑戦している〟状態への動きが総じて速くなったとのことです。ちなみにこれを考え出したマネジメント者には少年野球をやっている息子さんがいて、その息子さんが所属する野球チームは、コーチを選手が選べるようにしています。〝教わりたい人を選ぶ⇩教わりやすい⇩覚えやすい⇩上達が早い〟という流れを参考にしたと言っています。マネジメント側が自分たちにとって都合がよいということにならないことが、フィードでは必要なスタンスでもあります。

図14でパターン1の芯食い型と、パターン2の軽く背中を押す型の部下へのアプローチの違いを整理してみましたので合わせて確認ください。

◆マネジメント技術その3：「ケア」について

「ケア」とは、主に部下が図9の育成スパイラルにおいて(E)の〝挫折〟の状態のときに、(F)の〝諦めずにやり続ける〟状態に進んでいってもらうための技術です。「マインドセット」「フィード」「ケア」すべてに共通しているのですが、「ケア」は本人が〝挫折して崩れた状態〟の中であっても、どう自律性をもって次に進むかをつくりだすマネジメント技術のことです。

この「ケア」については、部下の行動特性を二つに分けて、実際にどう取り組んだらよいのかを解説していきます。図15も一緒にご確認ください。

部下の行動特性は、仕事をしている経営者やマネジメント者という〝環境〟に大きな影響を受けますので、その環境下での変容は起きえますが、大きくは、「自律性がどちらかというとある人」と、「自律性がどちらかというと無い人」に分かれます。

①自律性がどちらかというとある人への「ケア」

「自律性がどちらかというとある人」は、自分で自分を律して自分をコントロールできます。それは目的を持ってアクションを起こしているからです。そういう行動特性の部下が図6の育成スパイラルの中の(E)の〝やってみたが難しくて躓く〟状態になったとしても、もちろん本人のその自律性によって、(F)の〝諦めずにやり続ける〟状態に進むと思います。だからといって、ここで余計な口出しをせずに、本人の自律性を活かせばいいと言って〝放っておく〟ほうがよいという判断などで、表面的な対応にするのではなく、マネジメント者がそういう自律性のある行動特性の部下へ、その自律性をより高めてより良くする方向に進むようにかかわってあげるということです。つまり、〝諦めずにやり続ける〟の質を高めていくことをする、というのが肝要なことです。

「自律性がどちらかというとある人」への「ケア」のポイントは、目的に対しての理解を十分している状態での本人の躓きですので、なぜ目的をもってアクションを起こせるのか、その〝本人の思考とアクションの起点となること〟を認め、あるいはそのことを知っている状態になるように努めるなど、相手の考え方を大切に扱うかかわり方をすることです。マネジメント側が、相手が大切にしているものが何かを知って、あるいは知ろうとするようにかかわるということは、相手にとっては〝自分の味方がいる〟という精神的安全性にもつながります。

このとき、マネジメント側が「味方になった」と思うことではありません。部下自身が「この人は私の味方」と思うかどうかです。そう相手が思えたときに、部下はマネジメント者が考えた目の前の試練を乗り切るための話に耳を傾ける可能性がある、ということだけです。ここで誤解してはいけないのは、試練を乗り切る話をしたとしても、その中身が功を奏するということではないということです。マネジメント側がそう思って接した瞬間から、やり取りは〝正解探し〟になってしまいます。

②自律性がどちらかというと無い人への「ケア」

「自律性がどちらかというと無い人」は、人に言われて自分をコントロールする傾向が強いです。それは〝目的を設定せず、あるいは設定しきれずに、言われたことに対してアクションを起こしている〟からです。そういう行動特性の部下が図6の育成スパイラルの中の(E)の〝やってみたが難しくて躓く〟状態になったとき、自律性がどちらかというとある人よりも、「放置、あるいは相手が放置と思った状態」になったときに、(F)の〝諦めずにやり続ける〟状態に進まずに(G)の〝諦めてやめる〟の状態になり、それがスライドして(H)の〝できない〟状態になりがちです。それでもしマネジメント者が部下のその状態に対して、人格への指摘やあるいは結果的に放置していると同じこととしての腫れ物に触るような扱いも含めて〝劣等感を抱かせるかかわり方〟をすれば、(I)の〝やる気がない〟状態にちゃんとなります。

当事者であるマネジメント者でなくとも、組織が他律性を為している状態の場合、その環

図 15

自律性がある人とない人の違いと共通する動機づけ＝「ケア」

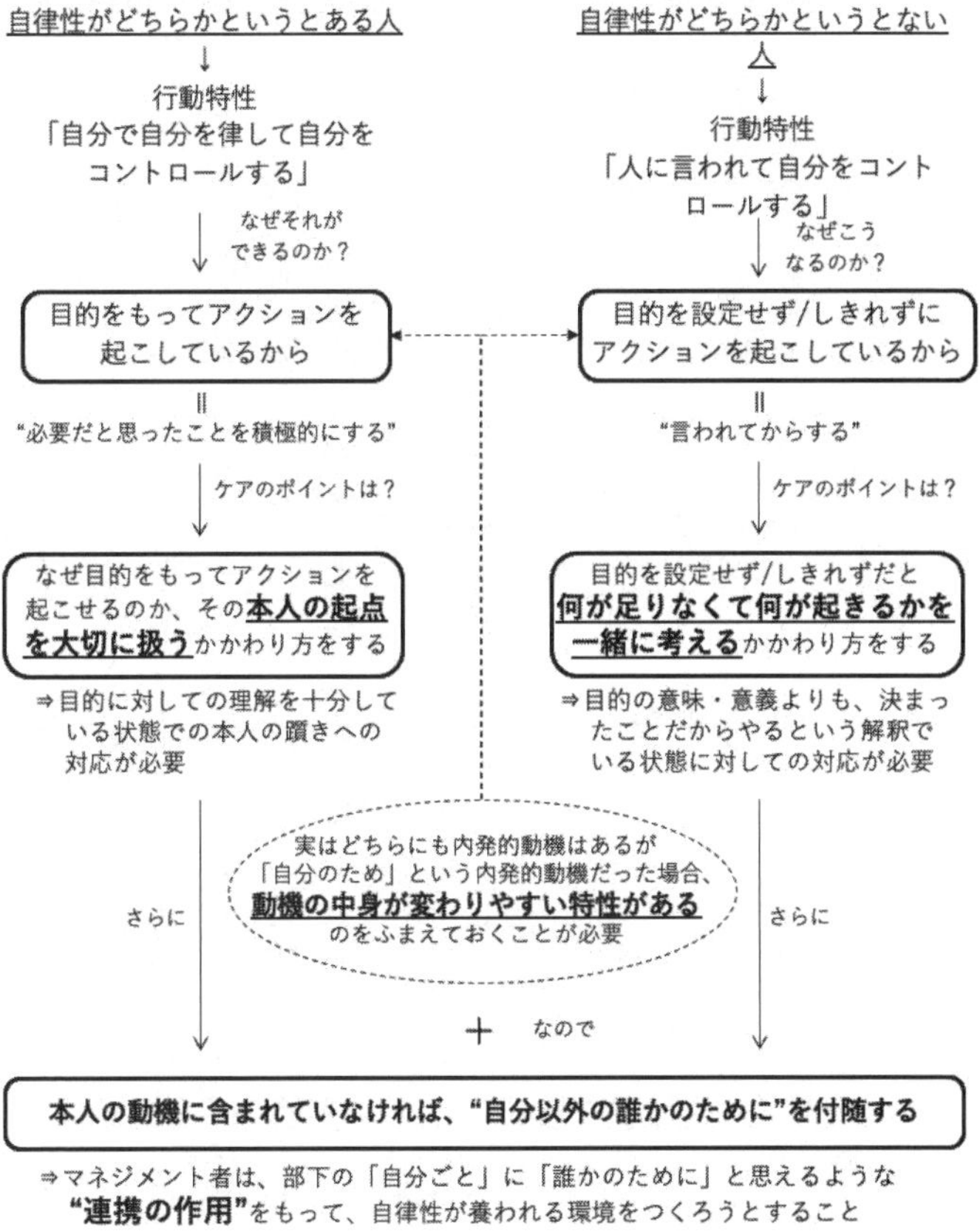

境の中で仕事をしてきているので、急速に部下に対して自律性や自主性を持つようにと促してもなりにくいです。それは一番経営者やマネジメント者が分かっているはずなのに部下が〝やる気がない〟状態などであった場合、自分たちが他律的に部下に接してしまっているということを棚に上げています。それに気づくこと、向き合うことが肝要です。それは自律性がある部下であっても、マネジメント者に他律性があれば、実際はその部下も他律性の中で居心地よくしているだけになります。経営者やマネジメント者の他律性とは、現場で起きた問題などに対して「言ってはいるんダケドネ」「こっちはちゃんとやっているんダケドネ」「どうせあいつは○○ダケドネ」という〝ヒエラルキー〟や〝他責〟が主原因の〝ダケドネ病〟を患っている状態をことです。

話は戻りますが、自律性がどちらかというと無い人は、〝言われてからする〟という傾向がありますので「ケア」のポイントは、目的を設定せず／しきれずだと〝何が足りなくて何が起きるか〟を一緒に考えるかかわり方をすることです。目的の意味・意義よりも〝決まったことだからやる〟という解釈をする傾向があるので、その状態に対しての対応が必要です。目的を見い出せていない状態は、〝これまでの部下の仕事をしている環境〟がどうだったのかもマネジメント者が改善していく、または変えていくことをふまえて、そこから相手に対してどう変容を促していくかを考えることです。

極端な言い方ですが、マネジメント者がやってほしいことを「やれ」とするのは、部下が何かしらの「言い訳」をするのと成分は同じと思って臨んだほうがいいかもしれません。組織が、市場が望む状態からの逆算なのか、あるいは自分の思ったようにならないという自己都合に「会社が利益を出さないと給料が出ないでしょ」という正義の仮面を被せているのか、その「やれ」は誰の都合かをマネジメント側が内省をすることです。後者であれば部下の言い訳と成分は同じなのです。そうなると、ただの生産性の低い賃労働者という扱いにしているのは経営者とマネジメント者ということです。お互いの都合の〝共通善〟を部下と模索し合うことからしか、この状態は前に進みにくいと思うことです。

二つの行動特性に対する、マネジメント者の共通のはたらきかけ

自律性がどちらかというとある人でも無い人でも、勘違いをしてはいけないのは実はどちらにも内発的動機はあるということです。特に「自分のため」という動機はどちらであってもあります。入社して間もない社員に内発的動機は無いという人もいますが、入社する動機はそれこそ内発的動機です。

ここで言いたいのは、「自分のため」という内発的動機を何らかの形で「誰かのため」ということに接続されないままにしていた場合、図9の育成スパイラルの中の(E)の〝やってみたが難しくて躓く〟という状態になると、動機の中身が変わりやすいという特徴があるということです。動機が変わるとアクションの量も質も変わります。「ケア」をしないことで部下がドツボにはまったとき、マネジメント側がそれをふまえずにかかわって、状態の良化に至らないことが起きがちなのです。

一方で組織の中で活動していくことの大切なことの一つとして、お互いに相手に対して「何かをしてあげたい」という相手を思う非自己の気持ちが双方に作用するそのやり取りそのものがあるという状態があります。ひとことで言えばこれを〝連携〟と言うのですが、どちらの行動特性の部下であっても、本人の動機に含まれていなければ、〝自分以外の誰かのために〟を付随するようなはたらきかけをすることが「ケア」です。その環境づくりはマネジメント者がつくるものです。

「ケア」のときは、部下の状態の次に進む分かれ目がとても大切になってきます。気を遣うという表面上でやってきてこれまでうまくいかなかった、あるいは逃げてきたのであれば、マネジメント者、部下という形ではなく、片方だけにならない相互作用をつくるということに考え方を置き、正解探しをしないアクションを起こしていくことです。

◆「本質を捉えるマネジメント」の実例

図8の四つのマネジメントの言説の中で紹介しました「Ⅳ 本質を捉えるマネジメント」の実例を紹介します。実際にある企業の中で設定した目標に対して実績が芳しくない組織が、まずは何が問題なのかをマネジメント者や組織内のスタッフに確認をしても、設定されている目標に対してのことでしかやり取りが進まず、本質的に何ができている、何ができていないという問題点の抽出が設定された範囲を超えないという状況に陥っていたので、その組織に対して「Ⅳ 本質を捉えるマネジメント」の流れを活用したケースを紹介します。

【手順1】

その企業の対象組織以外の組織のマネジメント者と協同して、対象組織とその取り巻く組織からみた、組織の中で〝実際に起きていること〟をどんなことでもいいので制限をせずに「良いと思えるできごと」「問題だと思ったり、改善が必要だと思えるできごと」の二つに分類して出し合ってもらう。

※「どんなことでもいいので」ということと、「実際に起きていること」というのがポイントです。なぜなら実際に起きていること自体が〝すべて〟であり、その起きていることからしか問題を発見することはできないからです。つまり設定されたものに対してというように制限があると、見えていないものが見えないままになります。はじめは収拾がつかないと心配になるかもしれませんが、そこを振り切って制限しないことが肝要です。

【手順2】

手順1で書かれた実際に起きていることは、何が〝作用〟していたからそうなったのか、を思ったただけ出しまくる。

※ここでは〝要因〟や〝原因〟という表現で出そうとすると、〝正解探し〟をする方向に向かいがちになるので、それ自体に〝考える範囲に制限がかかりがちになる〟と思われます。理由は普段マネジメント側が責任の追及や犯人探しに使う言語でもあるからです。なので、「どういう〝ものの見方や考え方〟があったからなのか」、「何が〝影響〟しているのか」など、〝作用〟を考えるという形で〝思ったことを出してもらいやすいようにしていくこと〟の工夫が肝要です。この時の経営者や、マネジメント者の〝ものの見方や考え方〟が大きな影響があることに気が付けます。経営者やマネジメント者はその場のまわりからの見られている目にちゃんと向き合うことです。

【手順3】

手順2で浮き彫りになった〝作用〟は、マネジメント側がどんな〝環境〟をつくるとそれが起こりやすいかを思っただけ出しまくりあう。

※あえて〝要因〟や〝原因〟というならば、ここで〝マネジメント側のこと〟として使う

ことです。
マネジメント側によって、「何が大事にされているから」「何を疎かにしているから」「何がいけないことなのに何も言わないでいるから」などの〝作用〟を引き起こしやすくなるのに、どんな〝環境〟をつくっていたかをここで出していきます。

【手順4】

手順3で抽出された〝環境〟の中から、さらにマネジメント者同士で話し合い、優先順位の高いと思われるものを「問題」として取り上げ、その優先度の高い「問題」に取り組むための「テーマ（課題）」を設定する。

※手順3で出てきた〝環境〟＝「問題」は、時間軸で少し先のポジティブを想像しながら着手していくことです。その時、自分の組織だけではなく、他組織への影響も同時に考えながら、さらに他の「問題」も包括しているかどうかの判断もしながら、どんな変容がみられるかを〝寄らば文殊の知恵〟でマネジメント者で話し合うことです。そしてそのあとに「その問題を解決するためにはどんなことに取り組むとよいのか」を考えます。これで

その取り組むテーマが「課題」となり、その「課題」へ取り組み、また実際に起きていることをみることで、解決の方向に向かっていきます。

この四つの手順で進めていくと、「実際に起きていること」が手順1でわかり、手順2と手順3で〝作用〟からその作用を引き起こす〝環境〟をもって、何が「問題」なのかが抽出でき、そして手順4で取り組む「テーマ（課題）」が明確になることで本質的な「意味するもの」が明らかになるということです。「意味するもの」がわかれば、あとは方法論は何だってよくなってきます。取り組み自体にずれがなくなるからです。

図16は実際にある企業でためしてみた話し合いの内容のものです。本質的な「問題」とその問題を解決するための〝テーマ（課題）〟をもって、「意味するもの」が明確になっているケースです。

この組織はもともと設定されていた目標に対しても、実はその取り組むテーマに着手すると、それ自体にも影響するということが明確になりました。他組織のマネジメント者同士で話し

図16

「本質」を捉えるマネジメントを活用したケース

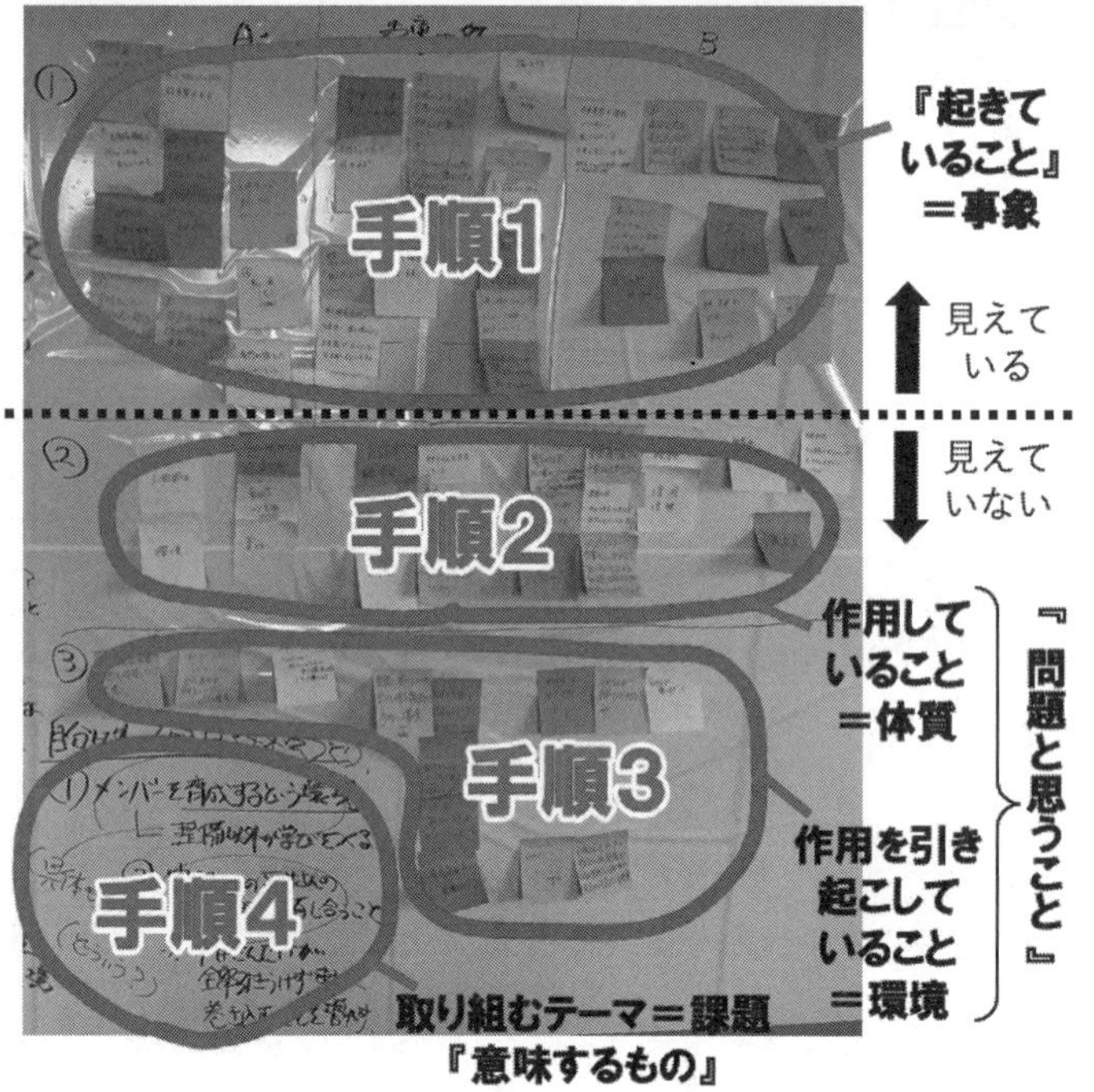

✓ある企業でマネジメント者が上記のことを話し合ったところ、対象組織で“向き合わなくてはいけない本当のこと”にたどり着いている

✓「起きていること」の抽出に制限をかけないことで本質から逸れた話も出てきたが、その見えていない“作用”を想像することで実はそこに解決しなくてはいけない優先度の高い「問題」が発見できることに

✓「問題」に取り組むためのテーマ設定で大事なことは何かが明確に

合って抽出された、当該組織の「テーマ（課題）」は、『自組織のことだけに囚われないメンバーを育成するという環境づくり』と、『マネジメント者のしている業務の振り分けとその共有のオペレーション形成』でした。

ことばにすれば「なんだ、そんな単純なことか」と思うかもしれません。また「そのくらいのことはマネジメント側がやっていて当然」と思う人もいるかもしれません。ですが、それぞれそう思った人たちとは明らかに違うことがあります。聡明な方は気づいていると思いますが、実はこの話し合いにより、〝他組織のマネジメント者も共通の認識を持ち、お互いに協力し合うことが明確になったこと〟、〝そのテーマの中身を考えるにあたってのここまでの納得感・腹落ちが格段に違うこと〟です。これが〝作用〟です。

これまでずっと変わらない「結論ありき」のマネジメントが横行しています。それは都合よく成長してほしいと思っている経営者やマネジメント者は「意味が設定されているもの」の範囲でしか動いていないということです。〝考えて突き詰めていく、さらにまた考え続ける〟という行程は時間の無駄と考える経営者やマネジメント者は、部下が考えている最中にすぐ結論を言います。部下が考えないのではなく、マネジメント側が考えさせていないのです。そしてそのすぐ結論を言う行動の作用しているものの一つとして〝ヒエラルキー構造を利用した優越感〟です。〝時間がない〟というのも多いですが、それも時間がない状態にした自分自身への保守的な言い訳です。社外に出れば明確です。自分の会社、またはその属している組織だからできるのであって、〝他人のことを考えてあげることができていない〟を露呈しているだけのことです。

例えば経営者やマネジメント者が「あいつは考えるのが遅い」と言っていたとすれば、先に書いたように部下が考えないのではなく、マネジメント側が考えてもらう時間を与えていないのです。与えていなければ、時間はかかるという感覚にもなります。与えていないのに「遅い」と言います。さらには、少し与えただけで「与えているんダケドネ」というダケドネ病を勝手に患ったりもします。

これらは経営者やマネジメント者がつくっている〝環境〟だということを、そろそろ気づいて、経営者やマネジメント者こそが自分の思考を変容させていくことが問われていると思います。

IV

マネジメント者の役割が機能していくために必要な三つの試練

これまでのことをふまえて、実際にマネジメント者が組織をマネジメントしていくにあたり、その成長過程を定義すると、大きく分けて三つの段階があります。それぞれその成長過程を乗り越えなくてはならない〝試練〟のようなものですので、これを〝三つの試練〟として、それぞれの試練をこのあと解説していきます。

この三つの試練は、フランスの社会学者リュック・ボルタンスキーの『De la critique』からのもので、山本哲士先生から解説いただいたものを、私なりに咀嚼したものです。まだ翻訳されていません。

マネジメントに携わっている人は、このあとの話をもとに、自分が今どの試練の段階なのか、

* Luc Boltaski, *De la critique*, garrimard,
山本哲士『甦えれ、資本経済の力』知の新書 001

そうしたことも判断できる材料になれば幸いです。この段階は、図8でも紹介しましたマネジメントの言説も大きくかかわってきます。つまり、自分は今どの段階の試練の状態にいて、どのようなマネジメントをしているのかが、見立てられるということです。それにより、自己成長の次の課題が何であるかにも活用ができると思います。

◆第一の試練／〝設定範囲〟での試練

まず、最初の試練は、「第一の試練／〝設定範囲〟での試練」です。おそらくほとんどの人がマネジメントに携わる最初に迎える試練です。これまで現場スタッフだった人がマネジメント者になったときも、現場スタッフのときに認められていることがこの試練のことだと思いますので、そのままマネジメント者になったときに、会社側からとしても求められる試練になっていると思います。

具体的に言うと、会社が設定した売上や販売数や粗利などの数値指標をクリアする、という試練で、個人でクリアしていたものを組織としてクリアするようにということが求められるものです。

マネジメント者になる前には、個人としてはその数値目標はおおむねクリアしている存在であったと思うのですが、それを現場スタッフを率いてのクリアですので、最初はなかなか思い通りにはいかなくなります。また現場スタッフ個人として数値目標をクリアしていたときは、実は顧客とは情緒資本を大事にしていた人がその数値を為せているケースが多いのですが、それが組織で、となってくると、顧客に対する情緒資本の活かし方を、自分一人ではできない難度の高い指標設定によって、疎かにしてしまい、思うように結果を出せないということも起きてきます。またその数値指標は、「商品」が顧客に売れるということに紐づいていますので、商品を基点に考えてオペレーションをしてしまい、その商品が売れるためのことに偏ることも起きます。このときのマネジメントの言説は、「Ⅲ．正解ありきのマネジメント」になってしまっています。意味が設定された既存のものごと（会社、または所属先で決められた指標・ルール等）をこなし、その範囲で起きていることの中で問題をみつけ、また意味が設定されたものに取り組んでいくという試練です。

この試練では、実際に「意味するもの」が見落としがちになりますので、ある程度は業績を残せたとしても、設定された数値指標には届いたり、届かなかったりということが起きていると思います。そのたびに数値指標にたどり着かない現場スタッフは〝やり玉〟に挙げられ、できていないことを詰めていくというやり取りも起きてきます。こうなると、その意味が設定されたことに対して不満を感じる現場スタッフが出現してきます。その現場スタッフが不満を主張して、「しない」という行動になる人も出てきます。

実際には、マネジメント者がそれを引き起こしているのですが、売れるためのアドバイスや、数字の進捗管理をしているので、マネジメント者は、「私は自分の任された仕事をしているのだ」という感覚になります。これ自体も「意味するもの」を見失ってしまっている状態です。

この第一の試練は、乗り越えない限り、課せられている数値目標は安定しないと思ってもらっても間違いないと思います。

現場スタッフにおいても、例えば自分の数値指標がクリアしていれば、それ以上は無理にはしないという感覚にもなっていますし、ましてやマネジメント者に昇格した人自体がそういう感覚のまま昇格していることも少なくないです。この試練では、「経営者やマネジメント者が数値目標をクリアしているのでできる人」と判断したできる人は、自分のできる範囲以上はしない傾向があります。一方で、数値目標がクリアできないことをもって、「経営者やマネジメント者ができない人と判断しているできない人」と判断したできない人たちは、できないことへの正当性を持たせることに必死になります。それ自体は経営者やマネジメント者がつくっている状態なのですが、なぜかそういう部下を責めるという考え方や行動に出ます。

実はこの場合、できる人も、できない人も、「しない」ことを「する」としている状態です。これは実際には何もしていないことと同義です。どちらの人も、文句は言ったとしても、その状況を変えることは言わない、もしくは変えようとはしないです。なぜ言わない・変えようとしないかというと、今度は自分が「意味を設定したもの」に対して、〝現状以上の責任〟を被るのが嫌だからです。そういった状況に対して、経営者やマネジメント者の中で、「ウチのスタッフは未熟」と言い放つ人もいます。これを乗り越えることなので〝試練〟なのです。

「意味を設定したもの」である数値指標などは、〝測定〟ができます。見えるものだけでの判断ですので、自分に課せられた範囲外や、測定できないもの、語られていないものは回避します。この試練の段階では、マネジメント者も数値指標に対してできているかできていないかを判断しますので、「やれ」というだけのオペレーションについ走りたくなります。なぜならそのほうが管理としてのオペレーションになるので楽であり、さらにいうと、ある程度やって「やった体裁」がつくられるからであり、それによって得られることがあると思っているからです。この試練の範囲で彷徨っている経営者やマネジメント者は、今のやり方ではよくないと、自分たちに批判がかかってくるような進言を誰かがした場合に、「じゃあここまでできた状態は他の方法でつくれるのか？」と「案を出せ」と「やれ」のニュアンスで現場スタッフに対抗してきます。これは、意味が設定された範囲を崩されることを回避しているの実際例です。自己正当性を保とうとする、つまり、実際に起きていることを見る範囲が自分だけの不都合と思うことを除外していることが起きているということです。

この試練を乗り越えるポイントは、「意味が設定されたもの」の範囲の中であっても、それを動かしていく過程で起きる、「相反することの共存を試みる試行錯誤をし続けること」です。優秀なマネジメント者であれば、現場スタッフのときに顧客とのやり取りの中で、これを多く経験してきているはずです。商品だけではなく、商品と人が作用する、これを見つけることをし続けることで、この試練からの脱却が見込めます。脱却をすると、そもそも第一の試練を〝あえて利用する〟という考え方と行動の幅を持つことにもつながります。そしてそれが結果にも大きく影響する作用になってきます。

◇第二の試練／〝現実範囲〟での試練

二つめの試練は、「第二の試練／〝現実範囲〟での試練」です。第一の試練を乗り越えることによって、本質的な「意味するもの」への向き合うことができるようになり、実際に扱っている商品にとらわれず、顧客との関係性の中でビジネスが成立するということが起き始める試練です。この段階から、顧客への問題解決やソリューションなどが少しずつできてくるようになってきますが、油断するとすぐに第一の試練に逆戻りも起きかねない段階の試練でもあります。

この段階の試練では、マネジメント者が「意味するもの」への気づきと着手をしながら、「意味を設定したもの」に対して取り組んでいきますので、一見うまく進んでいるようにも見えます。ですが、この段階はその本質を気にしてしまうことに引っ張られ、問題を問題としてみれていないことが起きて、問題が置き去りになるリスクが解消されていない試練でもあります。

一方でその問題の置き去りを解消することに着手すると、問題から本質的な「意味するもの」を見出して、「意味を設定したもの」である数値指標などに取り組むまでのことはするのですが、問題を見つけてしまうことにより、実際に起きていることが置き去りになることが起きやすくなります。例えば、「俺の言っていることは正しい」という思考が先行しやすくなってしまうということです。第一の試練では、「意味を設定したもの」と「意味するもの」の相反するものを共存させるという試練でしたが、第二の試練では、本質的な「意味するもの」と、実際の「問題と思うこと」との相反共存と、「問題と思うこと」と、実際に「起きていること」との相反共存をさせる試行錯誤をしていくことが肝要になります。

実はこの第二の試練までは、経営者やマネジメント者は一つ一つがどうつながっていくかという視点が不足している一方で、一つ一つ片づけていくという考え方で動かしています。これを第一の試練で経験した、相反するものを共存させるということをより様々なケースでその視座でみることを研鑽していく必要がある試練なのです。これができない限り、第一の試練と第二の試練を往来する範囲から脱皮できません。

例えば相反共存をやりきれていない、この試練での例で言うと、一番わかりやすいのは、そのビジネスがBtoBtoCだった場合、自分たちが収益を得ているは取引先だということで、取引先のことは考えて、その取引先の先にいるCである生活者までは考えていないケースや、BtoC

だった場合でも、買ってくれる目の前の客のことは考えられても、その先の家族や、その家族までを含めた十年後までのライフは考えていないというケースです。

BtoBtoCだと、取引先のことを考えることと、取引先の顧客まで考えることは相反することが起きることがありますし、BtoCでも、目の前の買おうとしている客の考えと、本当は納得していない家族のことを相反することが起きます。こうした相反を共存させることまでしていくことがこの試練を乗り越える課題となります。

経営者によっては、「ウチの社員はそこまで考えられないから、目の前の取引先に対してちゃんと考えて提案していくことに絞らないとダメ」という人もいます。ですが目の前の対象だけに絞るということは、その〝提案〟は提案ではなくなります。ただの〝受注活動〟です。

受注ができるということは。収益にとってはいいことなんだからその何が悪い？と思いたくなるとは思いますが、その収益は継続的なものではなく、やはり目の前の単発的なものです。ということは〝自転車操業〟的な状態であり、そこから脱却することには躍起にはなったとしても、相反共存の試練を放棄しているので乗り越えきれないという状態でもあります。

「収益」を会社存続の「意味するもの」とした場合、そこから「意味を設定したもの」として〝受注〟が指標となります。受注活動における「起きていること」はみますが、こうなると、

〝相反共存ができていない〞という問題が置き去りになっています。つまりマネジメントの言説でいうと、「Ⅱ．君主型のマネジメント」の状態になっています。

あるいは少し収益が厳しい状況であった場合、その厳しいという「問題」に捉われ、それを頑なに動かそうとします。そうなってくると、「意味するもの」＝収益を得るための「意味を設定したもの」＝受注活動への傾斜が強まり、実際に「起きていること」が置き去りになります。この場合をマネジメントの言説で言うと、「Ⅰ．ヒステリックなマネジメント」の状態になっているということです。

この第二の試練では、実際に見える〝現実の範囲〞でのことには着手できるのですが、難度の高い相反共存までは着手していないという特徴があります。難度が高いわけですので、それに着手することによる「できない」という状態に抵抗を持つことが、試練を乗り越える阻害要因でもあります。

例えば、今中古車業界は購入するための必要な金額の情報が、支払う総額が表示されていることが当たり前の状態になっていますが、数年前までは車両本体の価格のみの金額情報で、プラスしてかかる納車にかかる手数料が表記されていないという状態でした。

手数料が表記されていないという慣習が当たり前のときは、総額表示にすることなど誰も着手しようとしません。中古車販売店はもちろんのこと、販売店と購入検討者をマッチングさせるメディアも慣習を変えようとしません。ちなみにメディアはそのことに着手することで、実際の収益を得る直接取引先の抵抗を回避しているからです。販売店も車両本体価格をできる限り安く見せないと客引きが悪くなるといって、安く見せ、実際には手数料のところであれこれ理屈を工夫しながらもらうというやり方が蔓延していました。先に言ったメディアはそういうやり方が巧みなところからの取引額が大きいので、当然逆らいません。そのほうが収益が良いと思っているからです。これ自体は販売店もメディアも、第一の試練と第二の試練を往来している状態です。ですが実際に起きていることに目を向けると、購入検討者である生活者が、「いったいいくらで買えるのか」が分からない状態で購入するときに販売店に赴く、または問い合わせるということになっていました。問題はこの購入検討者である生活者が、生活をしていく上での生計を立てていく上で少ない情報による手間がかかっていること、見た目の安さに騙されて、適正な判断ができない状態にいるという問題がありました。これが「問題」や「起きていること」を置き去りにしている状態です。

この場合の「意味するもの」は、購入検討者が検討しやすい、買いやすいがつくれていることです。これに着手することが〝第三の試練〟への足掛かりとなっていきます。

ちなみになぜ〝足掛かり〟と書いたかというと、支払総額の表示が必須にはなりましたが、その総額では売らずに、別途オプションを購入しないと販売しないというやり方が出てきているからです。こういうやり方自体は禁じられていることではあるのですが、客との接客の中で巧みに手練手管の限りを尽くしているところが出てきています。また総額表示が必須となった環境を受け入れているようで受け入れておらず、「価格を下げないと売れない、だから総額表示にしてから利益が落ちた。」といって他責的な考えを言いだす経営者も出てきています。客に真摯に向き合わず、「これじゃうまく騙せない」や「昔の方がやりやすかった」という自己都合の考えが作用しているからです。これらも「起きていること」です。

支払総額の表示が必須まではなりましたが、それが現実になったことで、またその範囲の中で動くということが起き始めます。上記に書いたようなことに着手しなければ、結局第二の試練からは乗り越えられていないということです。誰かが奮起して立ち上がり、様々なはたらきかけから、きっかけが動き、その流れが動き出し、流れに流される人が生まれ、多数の意見となったことで変化となる、ということがコトの動きのセオリーであったとして、その変化が起きた後に、そのセオリー自体がプログラム化されていないことによる、第二の試練を乗り越えられないという状況がつくられていきます。経営者やマネジメント者は自分の会社の中で、このセオリーをプログラム化できるかどうかが、実は企業成長に紐づいていると思って取り組まなければならないと思っています。

この試練を乗り越えるポイントは、〝現実〟をふまえ、起きていることを放置せず、相反共存を試みていくということです。企業を越えてものごとを見ること、見ようとすること、〝マーケット〟という自分たち都合の見る範囲ではなく、自分たちは関係ないと一見思いがちになる、〝すべからく実際を見る〟、そしてその全体と、自分たちのことで相反するものがあれば、それをどうやって共存や両立させていくかまでを設計し、アクションにしていくということです。

◆第三の試練／〝存在〟での試練

三つめの試練は、「第三の試練／〝存在〟の試練」です。第二の試練の後半で書きましたが、現実の範囲から、その現実を作用するところまでをふまえ、そのときに起きうる、相反することをどう共存させていくかまでを設計して、ものごとに着手する段階の試練です。

この段階になると、ものごとの考え方が、自分の会社と取引先の範囲を越えて、生活者も含め全体設計に組み込まれて、自分たちが扱っているものは単なるきっかけとして、どういう世界観をつくりたいか、そうしたビジョンを描き、そのことを実現させるために起こることすべてを受け止め考える、というものになってきます。

収益に直結する商品やサービスの範囲を越えての考えや動きとなりますので、業績を出すことは直接性がないので、それこそ業績が良くないと判断された場合には「無駄なこと、意味がないことをしている」と会社内では判断されやすいです。そういうときは、この第三の試練を乗り越えることを、まわりを気にしてできなくなるということも考えてしまうかもですが、その〝「業績が良くない」という判断は何でされているのか?〟をしっかり見極めることが必要です。「業績が良くない」には必ず判断基準があります。逆に「業績が良い」も同じです。つまり、「意味を設定したもの」が判断基準となっています。その設定したものである数値指標などが芳しくないということから「業績が良くない」とするのですが、実際にはなかなか比較することができにくいことなのですが、それ自体、本当にその判断基準でよいのかまでを考える必要があります。設定したものは、〝去年は○○までできたからそれを上回りたい〟、〝ここまではたどり着きたい〟という願望であって、その願望に達していないから「良くない」としているだけです。

それでもありきたりの経営者やマネジメント者は、数値指標による経営状態がその判断基準の背景ですから、それが芳しくないと、判断基準に達していないことを詰めていきます。

もうお分かりになっているかと思いますが、数値ではなく、その数値をつくる〝状態〟を生成させようとしていないことが大きな要因なのです。

「去年よりも来店数が少ない」「去年よりも既存の取引客が減っている」と〝見えているもの〟しか見ようとせず、そこに一喜一憂し、それらを引き起こしている〝作用〟を経営者やマネジメント者の原因よりも外的要因のせいにし、挙句の果てには目の前の数字が上げられていない社員のせいにする。ただ口では「自分に問題がある」と周辺には言いながら、自分が詰められることに対して防衛バリヤーを張る。なぜ防衛バリヤーを張っていると言うかというと、そのことを指摘するとムスッとする経営者がいるからです。そういうことをしている経営者やマネジメント者はこの第三の試練には、たどり着かないですし、越えられません。やっているようには見せることは得意な人もいますが、それは実際にはまわりからは見透かされています。つまり今こうして書き出したような経営者やマネジメント者は、第一の試練で彷徨っている人たちです。口だけ第三の試練を〝している〟風よりも手前の〝考えている〟風をみせていますが、数字の背景を昨年実績や、顧客数、顧客一人あたりの取引単価というようにその上下の範囲でしかものごとを測っていませんので第一の試練を乗り越えていません。また、そういう経営者のもとでは、マネジメント者は第三の試練に取り組みにくいと思う人もいるかもしれませんが、それも違います。「意味が設定されたもの」をクリアしたければ、現実の実体（起きていること）をつかみ、問題が何であるかを見立て、問題の根拠を発見し、また起きていることに対して取り組んでいくということをすればいいだけです。

そうしていくことで実は「意味が設定されたもの」はクリアされていきます。そこでまたその設定された数値目標は、経営側の都合で構成されていますので、それができた・できていないの問題で右往左往していると、第一の試練で彷徨っている経営者やマネジメント者の思うつぼです。そういう人たちは第二の試練すらたどり着いていないので、「無茶だ」と思われて終わるのが関の山ですが、第三の試練は、測定できないことであっても、自分に素直に生きて、見えない作用を見ようとして、その気づきや発見を活かそうとすることをし続けることです。そしてそれができるようになったマネジメント者は、その組織の器に違和感を思いはじめます。そうなってくると、あとはその違和感をその場で変えていこうとするのか、それとも離れて自らが立ち上がって成し遂げたいことを成し遂げるのか、です。

会社というくくりの中では、それがダメだとは今の社会構造の中で排除するということまではする必要はなく、それすらも相反共存させるためにはどうするかということを考えることが必要です。実際は、これをするとあれが成り立たなくなる、あれをするとこれとのバランスが悪いなど、そう思ってそれらを「勝手に区切った時間設定」に追われて安直にものごとを動かすということが蔓延していると思います。その時は動いているようにみえても、実は「意味するもの」という視点では、何もクリアにしていないことだらけですので、また振り出しに戻っている、または変わっていないという状態になっていることが多いのにもかかわらず、「意味が設定されたもの」が見えていて、わかりやすいからといってそれを追う動きをしてしまっているのです。すべては目の前に起きていることが「解」であるのに、設定した「解」との相反共存はおろか、起きていることの「解」は見ない、をしてしまう。

それが第一の試練を乗り越えられていない状態の根幹です。

冷静に考えればわかることです。安直を繰り返し、「意味が設定されたもの」だけに偏り、芳しくない状況であればそのたびに軌道修正を繰り返しながら経過する三年と、相反共存を考え抜いてたとえそれで二年考える時間がかかったとしても、それがあっての残り一年を取り組んだという三年では、同じ三年で仮に業績結果は同じであったとしても、その先の状態を考えれば〝質〟が全く違ってきます。つまり持続性も生産性も仕上がる状態が違ってくるということです。そうなるとさらにその三年の先のそのまた三年後はその差が開きます。これを十年という期間で考えれば尚更です。でもそれを考えて目の前のことをしない、それこそがマネジメントの問題です。

相反するものはなぜ相反するかというと、共存であり、共存できる共通善を見つけようとしていないからです。昨今のマネジメントは諦めが早いというようにもみてとれます。それは動かしているようにみせられる、〝見えるもの〟はつくれても、実際に「意味するもの」はつくれていないからです。起きていることが事実なのに、事実をみろということは言っていても、みているのは「意味が設定されたもの」になっています。ですので「意味が設定されたもの」は仮にできたとしても、実際の本質的な「意味するもの」はできていないのです。もっと言うと、本当は何が本質なのか、何が大事なのかをおぼろげながらでもわかっているのに、踏み出せないことがほとんどなのですが、その心理的な面でいえば、そこに会社の評価制度が紐づいているということもあるでしょう。自分たちの生活がその取り組もうとすること次第で評価制度に左右されてしまうと「勘違い」させられる「意味が設定されたもの」が目の前にあるからです。ですがこれも同様です。もしみなさんがマネジメント当事者として、「本当に大事なのは〇〇」と気づけているのならば、その評価制度と相反するものとの共存に挑戦するかどうかなのです。

第三の試練と思える、私事の実際の例ですが、当時会社勤めで中古車メディアを運営している事業部に所属していた時、業績とは関係のない「支払総額表示」を中古車の価格情報として当たり前の状態にしたいという思いがあり、それにこだわっていました。メディアの利用者の苦情情報を当時三千件読み込み、様々な販売店と購入者のトラブルの中で、「こんな金額になるのであれば地元のお店にも行けばよかった」や、「一〇〇万円の車が結局一六〇万円になってしまった」などの声がありました。購入前の検討材料である情報が引き起こしていることです。これとは別に、メディア側の「意味を設定したもの」は情報量であり、売上といった数値指標です。情報の質の面では、販売店が売りやすいような工夫を促すことで、そのこと自体は指標扱いではありませんが、明らかなのは購入を検討する生活者が置き去りという状況でした。販売店側からすれば、「買いたい人」を送り込んでくれればいいので、極端なことを言えば、そのあとの生活者が購入後のトラブルなど思ってあげてもいません。

ですが「起きていること」は、苦情情報の中にあったのです。「生活者が安心して中古車を買うことができない」という問題の根幹に対して、「意味が設定されたもの」である数値指標との共存を図りながら、まわりが少しずつ協力しだしてくれて、最終的にはメディアの数値指標となり、共存が成立しました。さらにはそうした動きから、業界全体も様々な関わってくれた人たちが現れ、必要なことだとして慣習がひっくり返ったのです。メディアの業績としては、その支払総額表示そのものが影響したという取り上げられ方はされませんでしたが、総額がわかってそれで購入できると思えるようになった購入検討をしている生活者が動き出すのですから状態は良化します。本質論ではないですが、メディアの競合先から後日談ですが、「支払総額の取り組みをされたときはやられた、と経営陣が話していました」と言われています。ただ、私自身の考えとしては社会全体がそうなればいいと思っていましたので、やった・やられたではないとはないという感覚でした。全体が良い方向にいくことが販売店にとってもよいことであり、その還元としてメディアも良くなるという考えです。

今となっては、中古車を購入検討している人たちからすれば、支払総額が情報として表示されていることは当たり前と思っているでしょう。つまり、何かが動き、何かが変わったときはそれがどうしてそうなったのかは見えないですし、わからないですし、気づかないものです。それでもそういう状態になったときに、それが良化であれば何かが得られているものだと思っています。それは「意味を設定したもの」ではないかもしれませんが、その「意味が設定されたもの」も包含されているものになっているのです。

第一の試練から第三の試練まではバラバラではありません。マネジメント者はこの三つの試練のそれぞれの立場に立ち、それぞれの状況においてプログラム化を図り、対応できるようにすることが必要であり、それこそが相反共存を実際にしているということにもなります。

三つの試練の特性のまとめは図17をご覧ください。

では、三つの試練のそれぞれの立場に立ち、それぞれの状況においてプログラム化を図り、対応できるようにするにはどうすればよいか、それを次に考えていきます。

◆組織の生産性ロジックとマネジメントの構造について

まずビジネスにおいて、BtoBやBtoC、あるいはBtoBtoCという用語がありますが、根本は最終どんな形であれ、生活者にたどり着きます。生活者の〝使用価値〟を良い状態にしていくことが根本になければどのビジネスも成立しません。例えば私がかかわっている中古車業界も

図 17

マネジメント者としての役割が機能していくために必要な３つの試練

第一の試練
“設定範囲”での試練
※商品主体

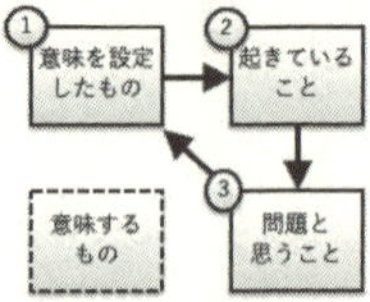

⇒意味が設定された既存のものごと（会社、または所属先で決められた指標・ルール等）をこなし、その範囲で起きていることの中で問題をみつけ、また意味が設定されたものに取り組んでいくという試練

⇒意味するもの＝本質的なことが置き去りになってしまうが、軌道修正しようとすると、設定したことが崩れてしまうので、そのことに誰も責任を持とうとしない

⇒測定できるものができること、測定できないもの、語られていないものは回避する

第二の試練
“現実範囲”での試練
※商品と人の原動力が作用する

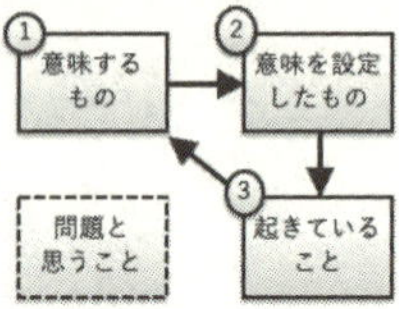

⇒本質的なことには着手し、そこから意味を設定したものに取り組んでいくという試練

問題を問題としてみれていないことが起きて、問題が置き去りになる
例：商品が売れた・売れないでみて、後で問題の蓄積が起きるリスクを孕む

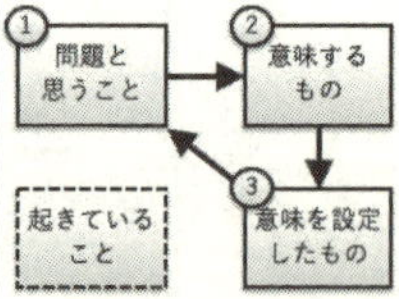

⇒問題を解決することで“問題の中にある本質的なこと“は明確になり、そこから意味を設定したことに取り組んでいくという試練

実際に起きていることが置き去りになる
※「俺の言っていることは正しい」という思考が先行しやすくなってしまう

第三の試練
“存在”の試練
※場所と人の原動力が作用する

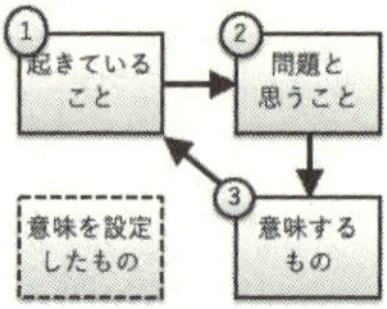

⇒現実の実体（起きていること）をつかみ、問題が何であるかを見立て、問題の根拠を発見し、また起きていることに対して取り組んでいくという試練

⇒意味が設定された既存のものごとは置き去りになっているようにみえて、実際にはその過程の中でクリアされていっている

⇒測定できないことであっても、自分に素直に生きて、見えない作用を見ようとしてそれを活かそうとする

マネジメント者は上記の３つの試練のそれぞれの立場に立ち、それぞれの状況においてプログラム化して対応できるようにすることが必要

オークションという流通のBtoBビジネス形態がありますが、その流通の先は生活者（それを使用する人たち）がいるからこそ成り立っています。だとするならば、先にも書きましたが、生活者の使用価値を良い状態にするということです。そのために組織の〝生産性＝生活者のポジティブな感情がつくれること〟をどう向上させていくかをロジックとして知っておいた上で取り組む必要があります。図18をご覧ください。

スタッフは商品や機能、またはサービスをお客に売っていると思いますが、その商品の先のお客の得られる〝使用価値〟を提供していることが対価につながっていると揺るぎなく思ってオペレーションを設計することです。お客は商品を通じてスタッフから〝使用価値〟を買っています。スタッフは自分たちがそれを、パフォーマンスを発揮することで生産しているという感覚が持てるようにマネジメント者が仕向けることが肝要です。いわゆる〝現場〟であるお客とスタッフのやり取りが活性化すればそれが可能になります。つまり、企業における売上・利益を生んでいるのは「現場」であるということです。

だとしたときに、「生産性」とは、〝生活者のポジティブな感情がある状態〟のことであり、「生産する」というのは、〝生活者のポジティブな感情がある状態をつくること〟です。

図18

組織の生産性ロジックとマネジメントの構造

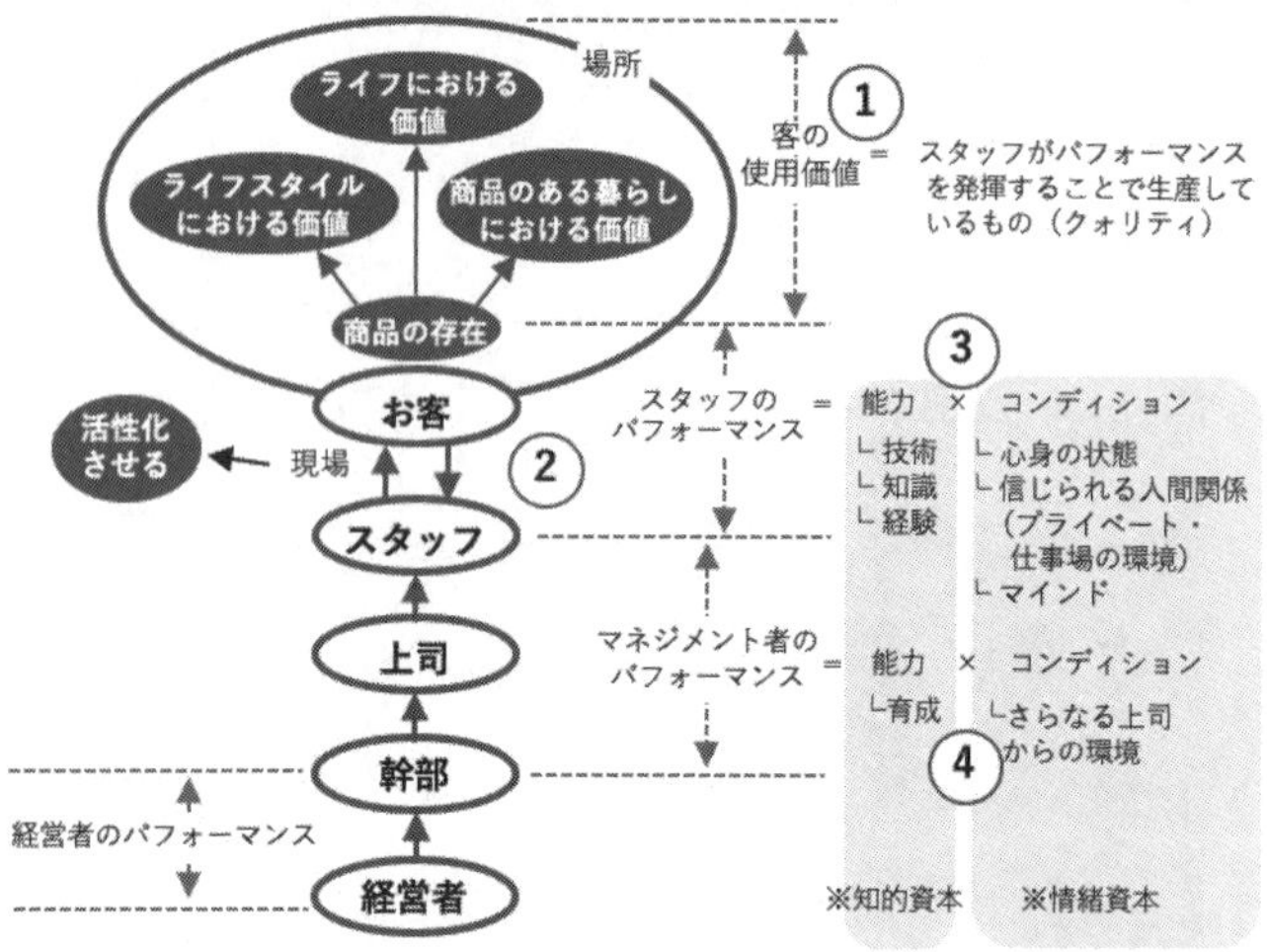

1. お客は「受け取れるクオリティ」に対して価値を感じ「支払っていい」と判断する
2. 企業における売上・利益を生んでいるのは「現場」
3. よって、生産性の向上=現場のパフォーマンスの向上
4. ゆえに、上司の仕事とは能力の向上とコンディションの良化（※幹部も同じ）

マネージメント者は、現場の活性化を為すために必要な、スタッフの育成とコンディションを良化させる環境づくりが仕事の根本的な役割であり、それがマネジメントの構造そのもの

ゆえにスタッフはそのパフォーマンスを発揮するために、能力を引き上げ、コンディションを整える、その二つをマネジメント者が担う必要があります。つまり、能力には「育成」、コンディションには「環境づくり」が具体的な役割となります。

ですので、マネジメント者の役割はよく「管理者」と言われるように「管理」がメインと思われがちですが、現場のパフォーマンスを向上させていくのは「管理」ではありません。もっと違う言い方をすれば、「管理」とはマネジメント者自身が自分の役割を「管理」するということです。〝役割を果たす〟ために、自らの考え方やアクションを管理するというのが必要です。現場のスタッフも同様です。上司に「管理」されるのではなく、スタッフ自身がお客とのやり取りをより良いものにするために、自らの考え方とアクションを管理するのです。ですので「顧客管理」ではないのです。「管理」とはマネジメントとしては自分に課するものとして捉えることです。この「管理」に対する考え方ももしこれまでと違うのであれば、今回の考え方を活かそうと試みてください。実際にはそれだけでマネジメント者の行動が変わります。そしてその行動の成果として、スタッフの動きが変わります。「相手の役に立つ」ことが実践されていき、その対価の質が本当に変容してきます。

マネジメントとは、何らかの目的を果たすために、「育成・支援」が前提にあって、マネジメント者と部下がおのおので自己管理をしている中で、それぞれの対象である相手に対してパフォーマンスを発揮することであり、これそのものが〝目標〟となっていることです。

◆生活者の使用価値を高めていくための企業内役割の構造について

では、組織の生産性ロジックとマネジメントの構造の内容の流れから、実際に生活者の使用価値を高めていくための組織内役割の構造を解説します。先ほどの図18の生産性ロジックの図を引用して、それぞれの経営者から幹部、幹部から現場スタッフの上司、現場スタッフの上司から現場スタッフ、そして現場スタッフからお客と、それぞれのやり取りで、お客の使用価値を高めていくために、何をすることが必要なのかを一つ一つ具体を紹介します。図19をご覧ください。

図19のように、組織内のそれぞれのかかわりをAからEとしたときに、それぞれの具体はどういうものなのかをこのあと解説していきます。

図 19

生活者の使用価値を高めていくための組織内役割の構造

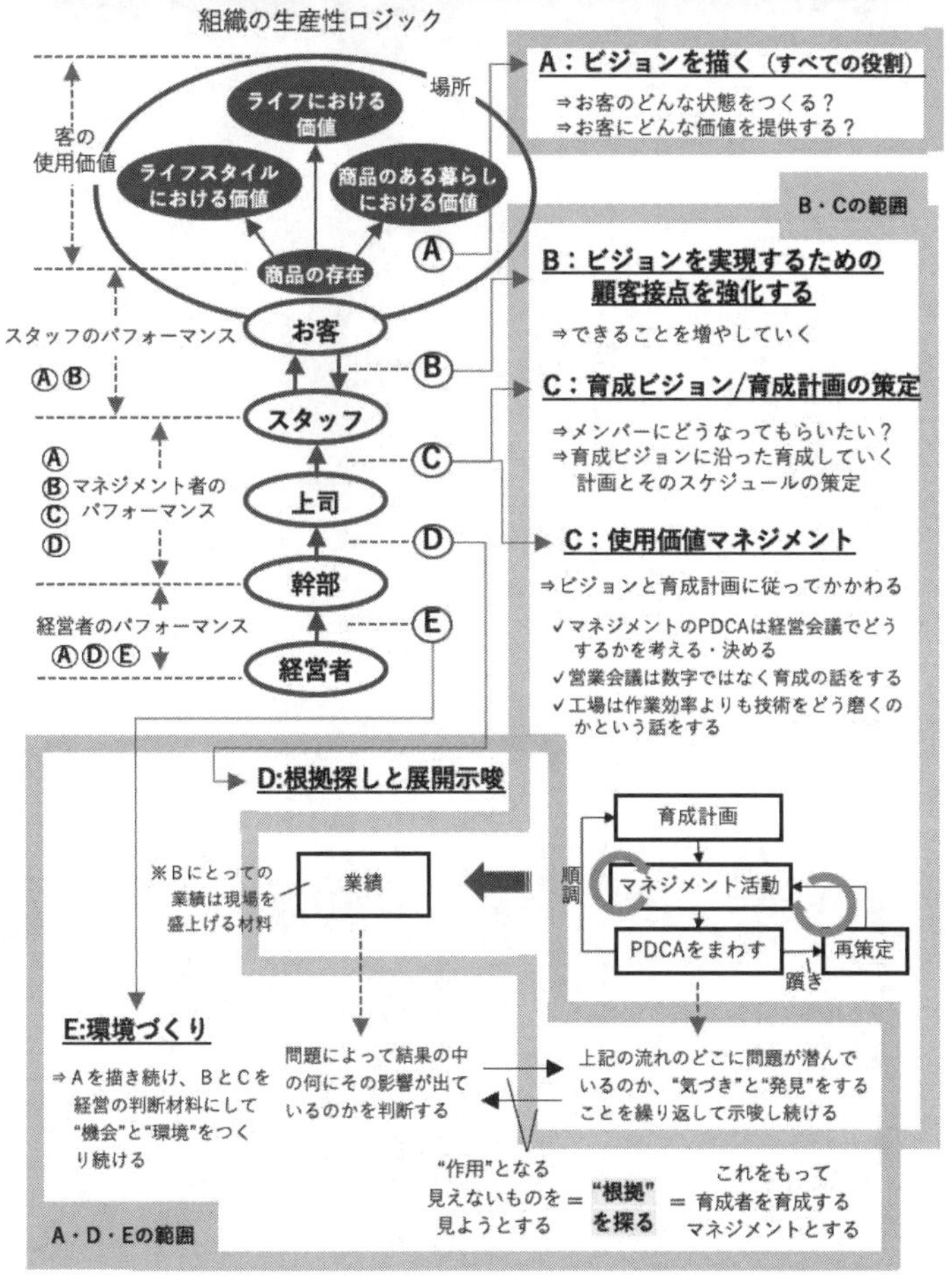

A：ビジョンを描く

まず重要なのは図19のAの部分ですが、お客の使用価値をどうしていきたいか、自分たちが提供できるものは何か、そうしたことを基点にしてビジョンを描くことです。価値はもちろんお客が判断するものですが、「お客にとってポジティブな状態」をどういう形でつくりたいのか、そのポジティブな状態をつくるために、自分たちがお客の使用価値に昇華するための提供できる価値は何なのか、こうしたことを設定しておくことが肝要です。それはそのはたらきかけをしていくことで、お客が判断するための材料の提供になりますし、いわゆる現場スタッフの〝心のよりどころ〟にもなります。「この仕事、何のために？」と誰かが迷った時に立ち戻れるのがビジョンです。そしてビジョンの設定自体は、すぐにできることではなく、掲げてから試行錯誤や、積極的なアクションを繰り返し、中期的な視点でそれが当たり前になった状態を実現させていくものとすることです。

ビジョンを描くことを考えるときは、誰かが○○と言っていたからだけではなく、私が思ったからだけではなく、そうしたことの総体として何ができる状態になりたいのか、これを導き出すことです。一つそれを考える手法としては、図8のマネジメントの言説でも紹介した、「Ⅳ．

本質を捉えるマネジメント」の考え方の流れを関係者同士で話し合っていくことが良いと思います。そのときに正解探しはしないことです。そのときの仲間で、考えられるすべてのことを受け入れ、話しぬいた時点での出てきたことがビジョンであるべきだと思うからです。〝きれい〟な表現ではなく、〝丁寧〟であることが肝要です。

B：ビジョンを実現するための顧客接点を強化する

その事業の業績を良くしていきたいのであれば、そしてビジョンを具現化していきたいのであれば、当然ですがお客との接点が強化されていくことが必要です。接点が強化されるのは、スタッフが取引先や社内において、〝できることが増える〟ことが最短の近道です。

〝一人一人ができることを増やす〟これを一人一人違うそれぞれのできることを増やそうとするオペレーションを考えることが肝要です。そうなってくると、よく「どうすればいい？」という話も聴きますが、結局はマネジメント者の前にいる、スタッフ一人一人を〝見る〟ということが大事で、そしてその一人一人のスタッフそれぞれ、どんなできることを増やしたいかを見立てるところから始めることです。「じゃあその見立て方ってどうやるの？」という人もいます。その時点で自分の考えられること以上を望んでいるので、マネジメント者が「自分で考える」を放棄していることになります。そういう思考のマネジメント者がスタッフのできることを増やせられるのかを想像してみてください。大切なことは、「自分で考えられることを考えてそれをする」です。その行為があることでスタッフに作用することは、「スタッフ自身が自分で考えて動ける」の可能性をつくるということなる、ということです。それこそが「できることを増やす」の根幹です。マネジメント者自身のスタンス次第です。ノウハウを欲しがる前に目の前のスタッフとお客との間で「起きていること」を見ることです。

ちなみに自分の体験談ですが、こんな小さなこともスタッフのできることが増えるとなったことがあります。

ある日、取引先に対してミスをしたスタッフと一緒にお詫び訪問をしたことがあります。対応を終えた後、一礼し、そのお店から外に出てすぐに、スタッフがズボンのポケットから営業車のカギを取り出そうとしたときに、「ズボンに手を突っ込むな！」と怒ったことがあります。すると当然ですが営業車のカギを取り出そうとしていたスタッフは怪訝そうに「車のカギを取り出そうとしただけですけど？」と言ってきました。その時に私からは「それはわかっている。だが状況を考えてほしい。このお詫びをしたあとのお店から出た場面で、もし帰っている自分たちを相手が見ていた時に、本人からすれば車のカギを取り出すだけのことかもしれないが、相手がこちらの後ろ姿を見たときにどう見えるか？お詫びしたらすぐにポケットに手を突っ込んで態度が変わったと思われてしまうかもしれない。カギは車の前まで来たら取り出せばいいだけのこと。状況によって、相手に誤解されるような行動を取らないように心がけることも必要よ。」と伝えました。

これを読んでくれているみなさんにお伝えしたいことはその後のことです。そのスタッフがマネジメント側に立ったとき、部下の同行で同じような場面があった際に、私と同じことを自分の部下に言ったそうです。こんな小さなことでも顧客接点を強化する一つでもあると思うのです。

相手によって伝え方は変わりますが、その当時のスタッフがマネジメント側に立った時に「できることが増えていた」という話です。もちろんそんなうまくいくことは毎回ではないかもしれませんが、「起きていること」をちゃんと見て、それを放置しないことをし続けることが大切だと思います。「叱る」の定義は、私は「相手のことを放置しない」だと思います。そうすることで「できることが増えていく」のだと思います。

C：育成ビジョン／育成計画の策定と使用価値マネジメント

これは、マネジメント者からスタッフへのかかわり方の重要な二つのことです。

●育成ビジョンについて

これがないままのかかわり方は、例えば極端な例で言うと、部下が反抗的な態度を取ったときに、その反抗的な態度という表層的な面だけに、そう思ってはいけないと思っていても引っ張られてしまい、部下に対してネガティブなバイアスがかかり、それでも普通に装おうとしている態度や言動自体が、実際にはその〝普通〟にはなっていなくて、それを部下に見透かされて、より部下との関係性が悪くなるという事態を招きます。

そしてその部下がなぜ反抗的な態度を取るかというと、それ自体にはマネジメント側のかかわり方が大きく起因しているのです。親が子に思う気持ちを想像するとわかると思います。「素直に育ってほしい」「偉くならなくてもいいから人様に迷惑をかけないようになってほしい」など、思う内容は色々ありますが、親は子に対して何かしらのありたい姿を想像します。そしてそれは子とのかかわり方にすべて起因します。自分の子がいけないことをしたり反抗的な態度を取ったりしたとき、「叱る」という行為をすることがあったり、その行動を色々な方法を試行錯誤しながら考えて振り返ってもらうようにしたりします。またその時間軸は、子が分かる状態になるための「許容」が比較的長いと思います。なにより子育て自体、親は慣れているわけではなく、どうすればいいのだろうと常に試行錯誤を繰り返しながら、元々思っている子に対する〝なってほしい状態〟に、親が自分自身の心に従い、かかわっているはずです。親の立場ほどになれと言うわけではありません。根本、それができているのであれば、なぜそのロジックを仕事の職場や組織において活用していないのか、というマネジメント者の怠慢が問題だと言っています。

育成ビジョンがないマネジメントをしている場合、優先されるのは販売数や売上、あるいは粗利などの数値指標や、さらには決められたルールなどが「管理」というマネジメント側だけに都合の良いオペレーションで行われます。なぜ〝都合が良い〟のかというと、実際の活動への育成やかかわりを横に置いておいて、数値指標が設定した計画に足りないということを言い分に部下を責めることができるからです。そういった「管理」だけになると、マネジメント側は部下からは指摘を受けることはありません。あるとすれば「あの上司や経営者は数字の話しかしない」という、せめてもの意味のないレッテル貼りを仲間内でされるだけです。

仮に数値目標をクリアしてもらうためには、部下にどんな活躍をしてもらいたいのでしょうか？　どういうことができるようになってほしいのでしょうか？　将来的にどんな存在になってほしいのでしょうか？　そうしたことをマネジメント側が設定もせずに、根本が「やれ」というマネジメントになっていればうまくいくわけがないです。逆生産を引き起こしているのはマネジメント側です。

一方で、部下に対して先ほど書いたような、

「どんな活躍をしてほしいか」
「今はできていなくても、何ができるようになってほしいか」
「将来的にどんな存在になってほしいか」

こうした部下に対する〝なってほしい状態〟、つまり〝育成ビジョン〟を設計して、それを

遂行していくことにマネジメント者自らが覚悟をもって部下とかかわっていけば、すべての相手の反応はそこに向かっていくまでの過程にすぎなくなります。マネジメント者が部下とのかかわりを〝何のために〟がある状態でないと、そもそもマネジメントはできません。業績を上げたいという思いがあるのなら、そのための部下の前記のような〝育成ビジョン〟が必要です。そのビジョンが実っていくレベル感に沿ってでしか、その業績は為せないのです。大半はこれをすっとばして、マネジメント者自身の自己都合な感情が優先され、そんな状態で組織を動かそうとしていくうちに、うまくできないが続きます。さらにその原因を自覚しない状態が続き、そうしていくうちにマネジメント者に対するまわりの見え方にネガティブな変容が起きたときに、マネジメント者は自分ではない誰かのせいにして、よりマネジメント者としてのなくてはならないバランスを崩していくことになってしまうということが起きやすくなります。

〝育成ビジョン〟無きマネジメントは数字管理、ルール管理の様相を呈すことになり、それは「数字を出せばいい」、「ルールを守ればいい」という状態をつくります。本質が置き去りになりやすくなるということです。けしておおげさではなく、人も育ちにくい環境になります。「管理さえしていればいい」と思うマネジメント者は自分が育てもかかわりもしていない、管理に従う部下を重宝します。

事業を伸ばしていきたいのであれば、事業成長を担えるスタッフを育てること、育てるときの大事なことは、そのスタッフに「どうなってもらいたいか」の〝育成ビジョン〟がマネジメント者の中で描かれていることです。

●育成計画の策定と使用価値マネジメントについて

ビジョンが描けられたら、それをどれくらいのスパンで実現させていくかの育成計画を立てていきます。そして、その中でも部下の「できること」を増やしていけるようにするのですが、その「できること」は、お客の〝使用価値〟を実現させるための〝技術〟を指します。

使用価値マネジメントというのは、お客が得られる生活の中において、自社とかかわることによって、得られる使用価値がちゃんと得られる状態になるように、自分たちの考え方がよいものなのか、行動ができているかどうか、それができきれていない状況であれば何が不足しているかを認識し、どんな技術を磨いていくかを定め、かかわっていくということです。

〝使用価値〟というのは、自分の未来において、幸せな状態を得たい心理のことを言います。価値の定義については図20をご確認ください。

例えば、中古車業界の場合、営業の売り方は、商品そのものやその機能、あるいはリースや残価設定ローンなどの買い方という、商品価値と交換価値を先行してアピールする販売方法が大半です。お客の〝使用価値〟を丁寧に聴くというようなことをしているのは一部の優秀な営業だけです。それ以外は、商品価値と交換価値を先行してアピールしている中で、即効的に購入意欲が高いお客の範囲のみを取り込めているだけで、じっくり考えて「賢い買い物がしたい」というお客の気持ちを無視しています。ですので、その分は彼らは取り込めていないというよりは着手できていないです。彼らは決定率を「成約率」と謳っていますが、それが高い低いで一喜一憂はするものの、本当はもっと高められるのに使用価値を丁寧に扱うことができていない中で、自分たちは売れている・売れていないを判断してしまっています。

「そんなことはお客さんとやり取りしながら聞けばいい」と言う経営者の方もいます。自分の会社のスタッフがやれていないのに「やり取りしながら聞けばいい」と言っているのです。

また同じ経営者の会社の店長が「そうは言うけど自分たちはそういうことはできている」と

図20

価値の違い

自分の未来において
幸せな状態を得たい心理

具現化 →

幸せな状態を手に入れる
ための**手段の心理**

これを **使用価値** という

＝

※感動はここでつくられる

マネーのない時代は
“物々交換”ではなく
“価値交換”

例えば、お客に車を売るのであれば、
お客の使用価値を知ることが必要
⇒これができていないと売れない、
または客に“買って損した”と思われる

これを **商品価値** という

手段を手に入れやすくする価値を **交換価値 ＝マネー** という

※交換価値が商品価値を補足する

例えば、中古車の買取は、
商品価値（車）で交換価値（お金）
を買っているということになる

使用価値をふまえて、商品価値と交換価値をどう展開するのかが設計
されたオペレーションをつくり、顧客への対応を形成していくことが必要

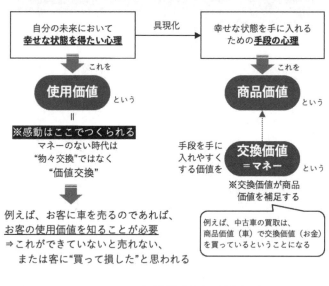

言ってきます。そこで近くで実際の商談を聴いていると、例えばリースで軽自動車を買いたいと言ってきたお客さんに対して、最初からリースの話をします。そういうリースを説明する案内ツールがあるとのことで、それを使いながら、リース＝商品価値を流暢に説明していました。お客はそのリースの説明を一通り聞いた後、「内容はわかったのでまたあらためて車の件は検討します」と言って帰っていかれました。その店長がスタッフとそのお客さんのことを話すときに、「リースという販売方法を知りたかったお客さん」と説明していました。もうおわかりになられている方はいると思いますが、お客さんはリースという販売方法を知りたかったことがメインではありません。「何らかの事情都合があり、車を買い替えたい」のです。近くでお客さんとのやり取り、スタッフとのやり取りを聴いていて思いましたが、そのお客さんは、「お客さん自身がどうしたいのか」を聴いてくれないから帰ったのだと推測できます。その商談は、店長自らが言っていた、「お客さんとの会話の中で聞けばいい」はできていません。その上で自分ができていないことを部下に求めるマネジメントをしてしまっています。使用価値マネジメントは、マネジメント者のものの見方・考え方が磨かれて成立するものです。部下だけが育てばいいという一方通行ではないのです。

D：根拠探しと展開示唆と、E：環境づくり

もう一度、図19をご覧ください。マネジメントには、マネジメント者をマネジメントする役割の人もいます。私はそういう人たちを幹部と呼べる人だと思っています。幹部は当然業績のことを考えるのですが、その役割の人たちはマネジメント者を育てる役割も担っています。マネジメント者が育成者であるならば、マネジメント者を育成する人はメタ育成者です。弓矢の話ではないですが、この役割の人たちが勘違いするのは、数字のことがメインでマネジメント者と会話をしていることです。どうしても気になることではありますので、本人はそれほど触れていなくても部下からすると誤解を恐れずに言えば、そのことしか話していないという印象も持つケースも少なくないです。経営者の立場で見ても同様です。つまりこの幹部と経営者と言う二つのマネジメント者は、社員が動きやすい、考えることを生成する〝環境づくり〟という重要な役割も担っています。そのために業績から何を考えることが必要なのか、あらためて整理するという観点でこのあとに解説していきます。

●業績結果から根拠を探る

ここでも図5で紹介しました、Ⅳの本質を捉えるマネジメントの流れを活用します。業績結果を「意味を設定したもの」として、その業績結果の根拠を探るためにまずは実際に起きていることを洗い出していきます。この時、起きていることをすぐに問題としないことです。とにかく目に見える形で起きていることを書き出します。例を出していますので、図21をご確認ください。実際に業績が厳しい結果となった組織のマネジメント者について、そのマネジメント者が変容するために大事なことを抽出するために考察したものです。これを参考にして次から手順を書き出していきます。

［手順1］

業績結果は目に見えるものとしてではありますが、それはそれでまずは横に置き、実際に「起きていること」を出せるだけ出しつくします。

［手順2］

次にその起きていることとして抽出したものに対して、「問題と思うこと」を抽出します。その際に考え方のポイントとしては、実際に起きていることを〝作用しているものは何か？〟を勝手に心配して具体的に想像していきます。

図21

本質を捉えるマネジメントの言説を活用した考察例

部下とのコミュニケーションがうまくいっていないマネジメント者の考察を前掲図5の「本質を捉えるマネジメント」でやってみたケース例

手順1／起きていること＝“実際”を洗い出す

起きていること

手順1で洗い出したこと

✓メンバーの壁打ちで的確な助言ができていない
✓メンバーとのコミュニケーション量が不足している
✓メンバーの様子がキャッチできていない
✓自身の発信に対して部下の受け取り方をわかってない
✓自身の考え方を押し付けてしまっている
✓自身の方針を、別の何かが起きると一貫性なく変える
✓何か指摘されたとしても受け入れていない
✓自分の都合が悪いことは素直に謝っているように見えて真剣に考えていない、そしてそれをメンバーは見透かしている
✓上記の積み重ねをしている、それによって求心力はダダ下がりしている

見えているもの
見えないもの

手順2／起きていることを“作用”しているものを想定する

問題と思うこと

手順2で想定したこと

✓自身を成長させるための学びの不足から
✓相手を知ろう、関心をもとうとしていない態度から
✓相手やまわりで起きていることの情報をキャッチしようとしていないので、まわりや相手への対応がその場しのぎになっていることから
✓自信がないことを隠そうとして自分に甘いことから

手順3／作用をつくり出している“環境”を想定する

手順3で想定したこと

✓自分の裁量を求められる役割の中で、できていないことが隠せられる環境になっている
✓自分自身のマネジメントの問題を解消しなくともやり過ごせる環境になっている
✓上記の2つをしやすい状態をつくっている上司がいる

手順4／問題に取り組むために根本的に大事なもの・ことを考える

意味するもの
意味を設定したもの

手順4で紡ぎ出した考え

✓**本人に必要な変容要素に挑戦してもらうことを上司自らが関与し続けること**

※これによって、変容しきれなくてもその思考と行動があることでこれまでとは違う道が開かれる可能性をつくれる（結果「意味を設定したもの」は包括される）

［手順3］

次にその〝作用〟までを書き出したら、その〝作用をつくり出している環境は何か？〟を考えます。この時に考えるポイントは、通常ですとその対象者だけのことを考えてしまいがちですが、考えることは〝環境〟ですので、その対象者の周辺も合わせて考えることです。そしてそのときに、もしご自身がそのマネジメント者の上司あったときは〝自分自身も環境〟であることをふまえつつ考えることです。この手順2の〝作用するもの〟と、手順3の〝作用をつくり出している環境〟の二つが「問題と思うこと」になっていきます。

［手順4］

手順2と3で抽出できたことを参考にして、本質的な〝意味するものは何なのか？〟を考えます。これを考えるときのポイントは、「変容するために大事なもの・こと」として何があるかという考え方を使うことです。現状に問題があるということは、それを解決やクリアすることが大事なこととなりますので、それを〝見出す〟あるいは〝見立てる〟つもりで考えを出すことが肝要です。そうするとこれまでは目に見える形ではなかった大事なことが見い出せられるようになります。実際にはその出てきた「変容するために大事なもの・こと」を徹底して取り組んでいくと「意味を設定したもの」として業績は、おのずと包括されクリアされていくものとなります。そういう要素があるかどうかをここで設定することです。

現場の流れのどこに問題が潜んでいるのか、どう〝気づき〟と〝発見〟をすることを繰り返して示唆し続けていくとそれが根拠を探っていることになります。この手順は、特にマネジメント者を育成する際にはとても重要な考え方を磨くことにもなっていきます。

手順1から手順4までを繰り返ししていくことで、〝作用となる見えないものを観ようとする〟ことになっていきます。この繰り返しがマネジメント者を育成するメタマネジメント者が実際にすることです。

●環境づくり

ここまでの話でもわかるように、上司はそもそも部下の環境ではありますが、ここではもう少し現場が活性化し、連携が図れていくためにも、〝逆生産〟についての話から入り、〝逆生産〟を起こしてはいけないという逆説的な角度から解説していきます。

図22は逆生産性・逆生産とは何かということと、その構造を図解しています。

企業の中においては「役割」というものはほとんど〝与えられている〟ものとなっているはずです。それはそれで必要なことではあるのですが、この「役割」を自分の意志とは関係のないこととして部下が受け止めていることは多いと思います。むしろマネジメント者も経営陣から与えられた役割ですのでそう思っていることが多いと思います。実はそれが逆生産を起こす起源のようなものです。図22の上段のように「役割」を構成する仕組みや制度が自分の意思とは関係のないところで指示・命令や強制に基づいて運営されていれば、その流れでものごとが進み、その仕組みや制度の中においてだけの良い・望ましい方向に向かいます。この段階で数値目標などがあるとみなさんそれをクリアするための苦しさはあるというのですが、本質的には言われたことをしていればいいという要領を得れば楽な状態にいることでもあるのです。その理由は、〝言われていることであったとしても、そこに自分の意思がないため、「抵抗することが自分の意志」という勘違いの作用〟がしやすく、自己都合な状態になれるからです。自分の意志とは関係のないと思った瞬間から部下は上司に対しての不満を自分の正当性にします。この時点で〝逆生産性〟が発生しています。そしてそのこと自体が構造化し出し、その結果業績にも影響が出てきますから、そうなればコスト減、生産量減、人員の整理などによる、売らないこと＝損失が少ないという解釈が横行し出します。逆生産性と逆生産の引き起こされる構

図 22

逆生産性と逆生産について

◆逆生産が発生しやすいフロー

① 仕組みや制度が自分の意思とは関係のないところで指示・命令や強制に基づいて運営される

② この運営によってものごとが進み、その仕組みや制度の中においてだけの良い・望ましい方向に向かう

＝

現場がその恩恵にあずかる形で自律性のない状態での活動が進む

③ ②の状態を反復し続けていく中で、仕組みや制度の目的に反する結果が生み出され、現場が麻痺し出す

＝

“逆生産性”

（他律性が引き起こすもの）
自分でできなくなる、さらにできると困ると思うようになる

④ これ自体が構造化され、コスト減、生産量減、人員の整理などによる売らないこと＝損失が少ないとなる

＝

生産しないことが“儲け”になるという錯覚が起きていく
無限生産＞限界生産の論理で
✓客を見ていない
✓客を考慮していない
この２つが常態化する
↓
客無視＝逆生産状態

◆逆生産性と逆生産が引き起こされる構造

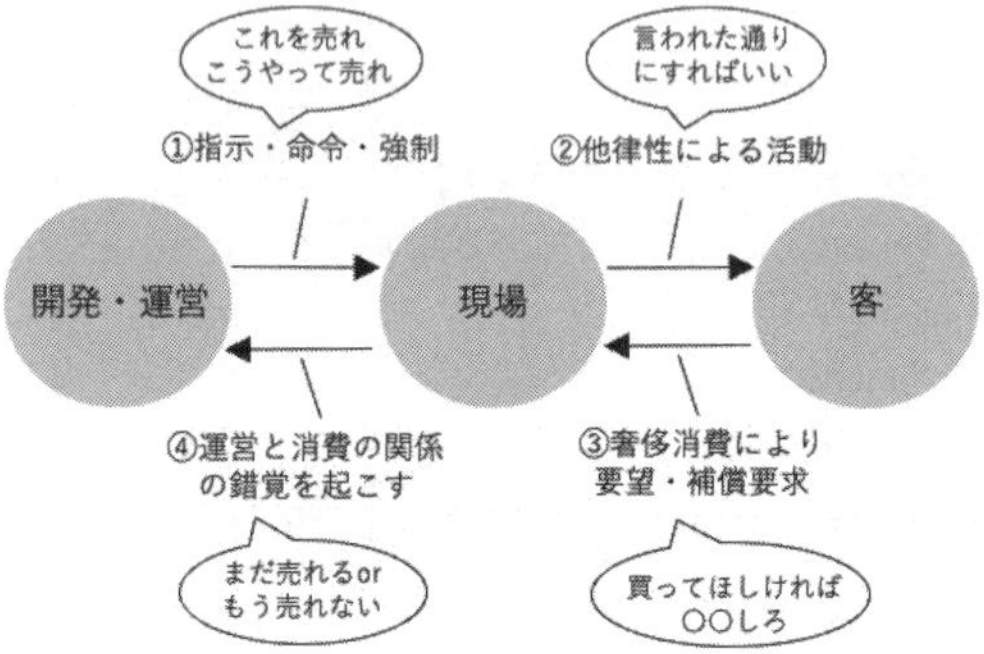

これが潜在的にどんどんのめり込み、逆生産性が発生し、逆生産をしていく。売ろうとして売れなくなるのと、売上が上がっても利益率が下がるという実際を構造化させ、つくる。結果客も不能化させる。市場の限界をもとに開発、および自律性を促す現場オペレーションを構築すること。スケールがそれぞれの業態で違うことをふまえることが必要。

造は図22の下段の通りです。この構造が潜在的にどんどんのめり込み、逆生産性が発生し、逆生産をしていく形をつくっていきます。売ろうとして売れなくなるのと、売上が上がっても利益率が下がるという実際を構造化させ、つくります。結果、客も不能化させます。本来は市場の限界をもとに開発と運営をし、および自律性を促す現場オペレーションを構築すること。スケールがそれぞれの業態で違うことをふまえることが必要なはずです。

逆生産性と逆生産のことについて最初に記載しましたが、このことを心に留めて置いた上でないと、組織の環境づくりはできないと言っても過言ではないです。よく経営陣やマネジメント者が自分たちが逆生産の構造をつくっているのに、社員に対して〝役割を超えた役割〟を求めていることを見受けます。ですが〝役割を超えた役割〟とは、自分が大事だと思うこと、必要だと思うこと、これを意思と言いますが、これが仕組みや制度に関係していき、誰に言われるまでもなく非自己の気持ちでその仕組みや制度の中で仕組みや制度を超えてさらに良化させるために「したいこと」が生まれてきて、それを大事にして実際に〝する〟を選んでいるところこそ、本来の組織の中における「役割」だと思います。「役割」は、大概は会社から与えられています。それはしっかりやればいいのですが、本来「役割」とは自律性の中ですることであると思っています。それさえ押さえておいて環境づくりに取り組むことがよいと思います。

企業のこととはちょっと違った例を言うならば、例えば「小学校の花壇の花に水をやる」という仕組みや制度があったとします。「花に水をやる」のは水を与えると花は活きるということへの手段ですのでその手段の知見を活かすという意味ではこれは〝知的資本〟です。であれば「花は水を与えると良いのだから定期的に水を与えろ！」という運営を企業の組織におけるマネジメント者はしようとします。すると人によっては「ああ、水をやる当番が面倒くさい」や「別に花じゃなくても他に必要なことがあるんじゃない？」という花壇の花に水を与えるという運営に対して、自己都合の言い分が出始めます。知的資本だけで運営をしようとするからです。全てがそうなるということは狙わずとも、〝花を愛でる〟という思いをつくることも必要だということです。これは情緒資本です。目的は情緒資本の要素が強いかもしれません。「何のために」は本来は〝状態づくり〟だと思うからです。つくりたい状態は未来につながるものです。そういう意味でもビジョンは情緒資本が肝要です。それに〝共感〟があると活動が活発になるからです。知的資本と情緒資本の両面で何を実現させるかを考える、それこそが環境づくりに必要なことであり、それを軸にして具体を形化させて行くことです。

生活者の使用価値を高めていくことが事業であるとし、逆生産性と逆生産の構造を押さえて役割を超える役割の生成を促していくために、環境づくりを知的資本と情緒資本の両面でつくっていくように努めて臨むことです。マネジメント者は、良化の実現のために、自己責任において、相手に〝気遣う〟ではなく、相手の置かれている環境や背景、つまり事情・都合を読むことです。良化を実現させるために必要なものは「相手のポジティブな感情」とし、相手の価値観を動かしていくように努めることです。

◆起きていることからその「作用」を見立てる重要性について

図23をご確認ください。

「起きていること」と「作用しているもの」の構造を整理しています。起きていることを引き起こしているのは、それをつくり出す〝体質〟であり、その〝体質〟をつくり出しているのは〝環境〟です。起きていることだけに注視してしまうと、それ自体はポジティブでもネガティブでもなく〝解釈〟の問題です。その理由は先ほどの「情緒資本を機能させるためのマネジメント者の思考セルフチェック」でもありましたが、マネジメント者と部下では同じ起きていることでもポジティブに感じたり、ネガティブに感じたりと、解釈の仕方によって受け止め方は違ってきます。ですので、それはどんな体質から起きたものなのか、またその体質はどんな環

図23

起きていることから、その「作用」を見立てる重要性について

＜事象が発生するメカニズム＞

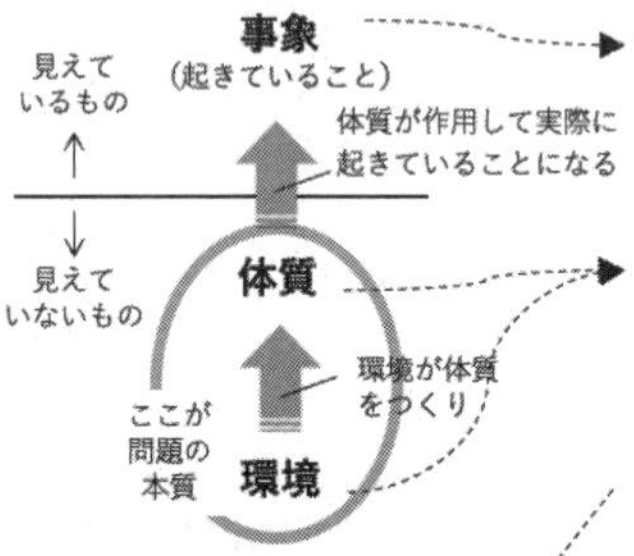

起きていること＝事象はポジティブでもネガティブでもなく“解釈”の問題

なので

可能な限り明確にとらえることが必要
ポジティブもネガティブも思考が生産している、要するに見ようによっていかようにでも変わる

ただし

問題であれば、それが“放置”されることはネガティブをつくってしまう

なので

問題は解決に向かうことでポジティブを生む
└人を原因にしても解決にはならない

ということは

“問題の発生”はいいことであり、問題は解決されるのを待っている

と・・・」
という言動は、「自分はやっている」
を主張しているだけ、「まだ解決策を

マネジメント者から部下に対してのかかわりで、覚えがうまくいかなかったり、関係性がネガティブになる要因は、マネジメント者に**“裏切り”**があるということ

裏切りとはマネジメント側にとって**“都合がよい”**と思われること

これによって部下は、二度と裏切られないように自分を**“セッティングする”**

“どうせ○○さんは”“そうはいっても～だろう”・・・この感情が生まれると必ずそのネガティブなバイアスを立証するように行動をする

これによってマネジメント者が何かものごとがうまく進むように考えても、**“通じなくなる”**を引き起こすので、裏切りは回避しなくてはならない

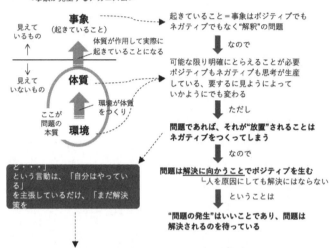

境下だったからつくられたのか、そういうことをしっかり考えることが必要になってきます。可能な限り明確にとらえることが必要です。ポジティブもネガティブも思考が生産しています。要するに「見ようによっていかようにでも変わる」ということです。

ただし、それが何かしらの解決が必要な「問題」であるならば、それを〝放置〟してしまうと、必ずネガティブをつくり出します。ここでマネジメント者としては〝問題は放置しない〟という考えの根本を、「問題は解決に向かうことでポジティブを生む」とすることです。この理由は、つい何か問題が起きたときに事象しか見ない、作用を見ようとしないマネジメント者は〝人〟を原因にしがちだからです。人を原因にしても解決にはならないということです。

それを二つわかりやすい例として挙げます。一つは経営者やマネジメント者としては頭の痛い横領のケースです。「集金」というフローがあるとします。仕組み、連携等の色々な意味で部下との関係性が薄い状況の中で、業務としての集金があると、そうした事故は起きやすいです。手もとにお金があり、その部下のプライベートの状態、フローの抜け道が垣間見える。そうした〝環境〟があることで「横領を起こせ」と言っているようなものです。もちろんそれをした本人にも問題はあります。ですがここで言いたいのは、その問題を起こしやすい「環境」をつくってしまっていることをマネジメント者は〝放置しない〟ということです。「そこまでは考えつかないよ」や「会社の運用がそうなっているから」と言って〝自分には関係なくはないけど落ち度はない〟というマネジメント者、あるいは「そこまでは問題が起きなきゃわかんないでしょ」と言ってくる経営者はいます。それら自体が「環境」ということです。

一方で「それならば」ということでルールをガチガチにつくるケースもあります。こちらは「ルールをつくったから大丈夫だろう」という発想から生まれてくるものです。ルールを運用するのは〝人〟です。ルールをつくればいいとなった場合、そのルールは一部分だけになっているか、そうしたことも考えていくことが必要です。つまり横領のケースで言えば、横領したら犯罪であり即解雇というようなルールをつくったとします。極端な言い方ですが「解雇されてもいい」という社員がいたとしたら、それ自体ただの〝大きな抜け〟を宣言しているようなものです。マネジメント者は自分たちの役割を明確に、そして一人一人の社員を「見てあげている」ことが必要です。「この会社で横領してもいい」という状態をつくっているのはマネジメント者であり、経営者の普段からの〝かかわりかた〟であると思うからです。

もう一つのケースは「人事配置」に関することです。ある企業の組織人事で、ある営業所にいた現場のマネジメント者が「新人の育成に長けている」ということで、部長職の方が今度

M&Aをしたばかりの組織にその「彼は新人を育てるのが上手だから」を理由に人事配置をした話です。もちろんその現場のマネジメント者は、会社から期待されていることを受け止め、いざ異動となりました。ただ実際にはその配置先の組織での現場マネジメントは芳しくなかったのです。その理由は明確です。現場マネジメント者の強みは「新人育成」でした。ですが配属先は「M&Aをしたばかりの組織」です。入社間もない新人社員ではなく、〝別の組織風土の中で経験してきたキャリアはそれなりにある社員〟が相手だったのです。つまりこの場合、人事判断をした部長が、新人と企業風土が違う社員の育成やかかわり方を一緒くたにしているということです。この話には続きがあります。その部長はその配置後の一年後に経営陣で人事会議をしている際に、自分が配置転換をした現場のマネジメント者のことを「異動した組織でうまくいっていない」とダメ出しをしています。自らの見立てで配置転換をし、その見立ての問題は部長自身の問題となりますが、それを〝放置〟し、現場マネジメント者という〝人〟を原因にしているのです。そしてその現場マネジメント者はちゃんとマネジメントできていないということで、再度異動になりました。その次の人事配置はマネジメントを外れています。人はそれほど強くありません。そうした一連のことに免疫がない現場のマネジメントだった方はしばらくして退職をしています。これを読んでくださっている経営者であり、マネジメント者であるみなさんはこのケースはどう思いますでしょうか。

自分のところの社員や部下に対して、「同じようなことはウチでもあるかもしれないけど、いつも（部下には）言っているから」と思ったとしたら危険だと思ってください。その言動は「自分はやっている」と主張が優先されている状態であり、まだ解決策を見つけていない状態であるということです。それを〝放置〟していると、そのことが社員・部下にとっての〝裏切り〟となります。〝裏切り〟とはマネジメント側にとってだけ〝都合がよい〟と思われることのすべてです。これらをやはり〝放置〟していくと、部下は元々〝裏切られたくない〟という気持ちは持っていますので、その思考を具現化させるために、〝裏切られないように自分をセッティング〟します。どういうことかというと、「必要以上のことはしない」であったり、「本当は〇〇したほうがいいけど余計なことは言わない」であったり、「なるべく近づかない」という一連の関係性が、ネガティブな状態が蔓延していくということです。これ自体には本人の問題もありますが、その企業や組織自体の経営者やマネジメント者がつくっている環境がよりそうさせているということです。

これらはなぜ〝放置〟されてしまうかというと、そのような状態であっても「仕事、業務がまわっている」と思っているからです。実際にはそういったネガティブな状態を解消させていくように向かわせていくことがあれば、その「仕事、業務がまわっている」はもっとレベルの違う状態になっています。これを例えば〝理想論〟として扱う、または「そこまでしなくてもいい」と変容させようとする思考を回避するをしているので、その代償として〝人〟を原因にしてしまうのです。ここまでの状態になってしまっている企業や組織の経営者やマネジメント者は、目の前の見えている範囲でしかものごとを進めていないということに気づいていませんので、何が問題なのかもわかっていない状態です。それでは身もふたもないと感じられるかもしれませんが、そうした企業でも実は〝気づける機会〟はあります。それはマネジメント者がまだ現場のスタッフとして、そうしたマネジメントを受けていた時に感じたことを大事にしているかどうかということであり、技術のパラドックスに気づくことです。図6で紹介しました「知の形成」の段階を登っているときにマネジメントを受けていることに対して感じた違和感などをそのままにしないということができた人がいるかどうかです。その時、マネジメント者はその相手である部下が何かマネジメント者側にとって耳の痛いことを言ってきたとします。それを拾えるかどうか、です。ここまで言うと変容をさせていく確率は低いと思うかもしれませんが、これはこれで〝機会〟であり、この紹介した〝機会〟のように「考えられることはないか？」と思えることこそが〝機会〟です。一つのことから様々なことがつながる、それを考える、きっかけにするという、ものの見方・考え方こそが必要だということです。

これら二つのケースをふまえ、問題の捉え方も幅を広げるきっかけになれば幸甚です。問題は実際に起きたことだけではなく、それを起こすきっかけをつくるその組織や企業の「体質」や、その体質をつくっている「環境」などの〝作用〟が、問題そのものだということを思えるのが肝要ということです。

◆売上と利益、そして生産性の考え方について

図24をご確認ください。冒頭では「情緒資本」と「作用」について掘り下げてみましたが、それらの出口となる〝対価〟についても書いていきます。本来は商品を売ってその対価として売上・粗利を得るという考えが主だと思います。またそれを得るために顧客満足だ、CSだ、ESだと言っていますが、客の感情が反映される売上とは、利益（粗利）とはどんな成分であるか、それを考えることが必要であると思います。

まず売上とは、〝企業と社員の「信用」により、客感情が「買いたい」に推移した総量〟です。では「信用」とは何なのかと言うと、「裏切らないであろう」と思える外見性のことです。

例えば、フランチャイズなどのお店は看板がそろっていたり、全国どこでも同じサービスが受けられるという外見性の場合もその類です。ただしそういったチェーン店は、「全国どこでも同じ」という〝同じ〟を機能させるため、余計なものは省き〝最低限〟を基準にして、それをマニュアル化していますので、商品力がよほど強かったり、阿漕なことをしていない限り利益率はそれほど高くはないです。

次に利益とはどういう成分でできているかというと、その外見性を越えて、現場の社員スタッフの「信頼」における、客感情の「あなたに任せたい」と思われることの濃さです。では「信頼」とは何なのかというと、その濃さの具体なこととして「あなたに任せたい」と思える能力を認めていることです。任せたいと思える濃度が濃いほど利益は高くなります。商品の話で言えば単価だけではなく、リピートする状況がつくれることもこの理由です。数字の進捗管理をしているより、お客とどんなやり取りがあったか、それはお客にとってどういう感情を抱くようなものか、そのやり取りを部下がどのようなことを考えて行動を起こしたのか、そういったことを確認し、その部下のものの見方・考え方をレベルアップさせていくことに注力することで利益は違ってくると分かっているはずなのに、経営者やマネジメント者はそれを「言ってはいるんだけどね」「やってはいるんだけどね」と言って自己正当性を主張して楽な〝数字管理〟を

図 24

売上と利益、生産性の考え方について

「売上」 と **「利益」** 、それぞれどんな“成分”でできているか？

企業と社員の **「信用」** により、
客感情が「買いたい」に推移した総量

↓

信用とは、**「裏切らないであろう」**
と思える外見性のこと

社員の **「信頼」** における、
客感情の“あなたに任せたい”の濃さ

↓

信頼とは、**「あなたに任せたい」**
と思える能力を認めていること

▼ だとすれば

「生産性」 とは何を生産しているのか？

↓

客の **使用価値** を生産している、ゆえに **成果** をそれを

もって出す

「生産性」＝

価値生産／時間

※時間当たりの客感情
を良くすること

「使用価値」＝

**個別の使用価値／
コスト（価格）**

※客は商品ではなく、
客にとっての使用価値
を買っている

「成果」＝

生産性×投下時間

※成果を得るためには
割と時間をかけなくて
はならない

「今のままでは対前年厳しい」、「去年よりも収益が落ちている」など、
数字の進捗ばかりを社員に伝え、賞与や給料に影響すると半ば脅す
まがいなど、自分の心配ごとを「お客のために」に置き換えて指示を
出すだけの経営者やマネジメント者は、そのロジックであるがゆえに、
社員からは「自分のことしか考えていない」ということを見透かされる

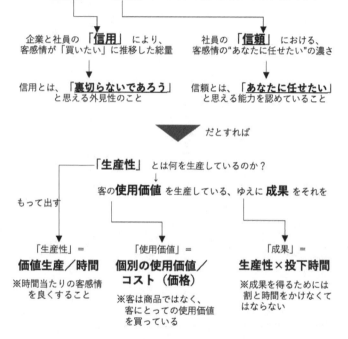

します。「数字はウソをつかない、できている・できていないが数字ではっきりわかる」とよく聴きますが、社員のスキル・知識、それらの下支えとなるスタンス（姿勢）に関与せずでのその数字は、まさに「言ってはいるんだけどね」「やってはいるんだけどね」と言って自己正当性を主張して楽な〝数字管理〟をした結果の数字ですので、社員ではなく、経営者やマネジメント者のやっていることにウソが無い数字ということです。この作用はそのまま現場のスタッフからすれば、お客からの評価そのものです。

そういう意味において、「生産性」とは何か、を考えることも肝要です。これを「効率よく売れる」止まりで考えていることが多いのですが、仮に効率よく売れるだとしても、それはお客にとっては〝何を生産できているのか？〟ここが無ければ単なる〝自己都合を生産している〟だけですので、これもその現状を社員がやっているように見えて、その生産をしているのは経営者やマネジメント者だということです。

生産性とは何を生産しているのかと言うと、「お客の使用価値を生産している」ということです。ゆえにそれによってお客が良い状態になっているという〝成果〟があり、その〝おこぼれ〟としての対価であり結果になっているということです。こうして書けば「それはそうだ」となると思いますが、「お客の使用価値を生産している」が、言っているだけで実際において抜けさせてしまっていることで起きているのが〝生産性の悪いマネジメント〟です。

生産性＝価値生産／時間です。

時間当たりの〝客感情〟をよくすることです。

使用価値＝お客の個別の使用価値／コスト（価格）です。

お客は商品ではなく、その商品から得られるお客にとっての使用価値を買っています。前段で自動車のマツダ・ロードスターの話をしましたが、ロードスターが欲しいのではなく、走行会で走り負けしない状態を買いたいがそれです。

成果＝生産性 × 投下時間です。

これこそ社員のスキル・知識、それらの下支えとなるスタンス（姿勢）の引き上げが必要なことです。そう考えると成果を得るためには割と時間をかけなくてはならないということがわかります。良い経験の積み重ねをもって人の変容をしていく可能性がつくられるからです。

ＫＰＩの考え方について

売上・利益・生産性のロジックの話をしましたので、その流れで企業として重要指標（KPI）を設定してそれを活動の軸にするということが多いと思いますので、そのＫＰＩについての考え方をここに書いておきます。根本的な考え方としての整理になれば幸甚です。

まず、次からの「あるできごと」をまずは一読ください。

加藤和子29歳
山梨県北杜市出身

地元の薬剤師の専門学校卒業後、東京のドラッグストアで派遣スタッフとして働いて七年。三年前、友人の結婚式で出会った彼氏と交際中。彼氏は広告代理店で働いており、マネジメント業務に携わっていて、忙しい毎日を過ごしているがマメに連絡をしてくれるなど優しく、また週一回はデートの時間を作ってくれている。よく二人で行くところはお台場。その彼氏からある日のデート中にプロポーズされ、いよいよ結婚することに。式は一年後。

地元の親族の中でも一番下の子でもあり、親戚は皆とても心待ちにしていて、総出で祝福すると言われている。いつもつるんでいた、地元の学生時代の親友と言える友人が五人いるが五人とも地元ですでに結婚している。一年後の結婚式には全員参加を表明しており、中でも子供が生まれたばかりの二人の友人からは、「式中に子供が泣き出してうるさくさせてしまうかもだけど、どうしても和子の結婚式は行きたい。連れてって参列してもいい？」とけなげに電話で相談してきた。和子は少し目を潤ませながら「何言ってんの！　絶対に来て！」と言って返事をしている。

そんな加藤和子は最近アラサーのせいか、体型の変化が気になっていた。二十代前半にくらべて体重が五キロ増えていた。このまま今の生活を続けていたら一年後は今のままか、さらに太ってしまうかもしれない。一世一代の晴れ舞台である結婚式をキレイな自分で来てくれる人をもてなしたい。

先の文章からKPIを考えていきます。
まずKPIを設定するための、その大前提としては大きく二つのことがあることです。
まずその一つめは、「実現したい状態は何なのか？」という〝ビジョン〟が描かれていることです。「ビジョン＝どうなりたいのか」はここまでの拙著の中でも大事なことであることはお伝えしたと思いますが、この「どうなりたいのか」を自分が自分のこととして思える強さが大きいことが肝要です。想像の世界ではありますが、先に書き出した「加藤和子」さんのビジョンは書いてある文章の中にも明確に出ていましたが、

『一世一代の晴れ舞台である結婚式をキレイな自分で来てくれる人をもてなす』です。

次に二つめは、その実現したいビジョン（状態）のために必要な「数値で測れそうな状態設定はどんなことか？」があることです。

これは先の文章に書かれていることから想像をしてもらいたいのですが、例えば「加藤和子」さんは「二十代前半に比べて体重が五キロ増えた」という状態でした。話の流れで言えば〝キレイな自分になるためにも今よりも五キロ体重が減っている〟ことが結婚式当日の状態であると思われます。この五キロ減はその状態を「加藤和子」さんの感情で言うのであれば、

『二十代前半のベストな体型（今よりも五キロ減）に戻って結婚式に臨めること』です。

結婚式までの最終ゴールを定量的に設定したものです。先の文章には最終ゴールとしては書

かれていないので、人によってこのゴール設定は違ってくると思いますが、例えば「体重五キロ減&ウエストマイナス十センチ」でもよいです。

今書き出しました一つめは、『ビジョン』です。二つめは『ＫＧＩ（Key Goal Indicator）』です。そしてこの二つの前提が揃ったことでＫＰＩが考えられることにつながります。

ＫＰＩ（Key Performance Indicator）とは、ビジョンを実現するために定量的に設定した最終ゴールを為すために、必要なすべきこととそのすべきことを為したときに得られる感情であり、それを計測できる数値のことです。

図25をご覧ください。

例えば「加藤和子」さんの場合のＫＰＩは、「体重五キロ減&ウエストマイナス十センチ」がＫＧＩだとしてそれを実現させるための「定量的に設定された実際行動」とその行動が為せたときに得られた「感情」です。

例えば結婚式までは一年ありますので、それまでに何をするのか、どんな感情でいることを

図25

KPIの考え方について

KPI＝重要指標＝客感情の想起

↓

KPIとは「こういう感情をお客さんに持ってもらえたら良い方向に進むよね！」

という**“客感情の想起”**のことであり、その精度そのもののこと

ゆえにKPIの設定とは**「客感情を計測する」**ということ

↓

企業が総力を挙げてやるべきは、“客感情の想起”でありマネジメント者による、

「想起をする経験」と「計測する経験」を積むことを支援すること（経営者が）

<KPIの考え方>

手順1）　ビジネスは「状態の生成」からなるものなので、KPIを取り巻くものを整理する

① ビジョン ⇒ 実現したい状態

② KGI ⇒ 実現したい状態になったときの計測できる数値

③ KPI ⇒ 実現したい状態になるために、やり切ると得られると思える必要なことと、それが計測できる数値

手順2）　作用のロジックを活用して、客感情を想起し、KPIの要素を探る

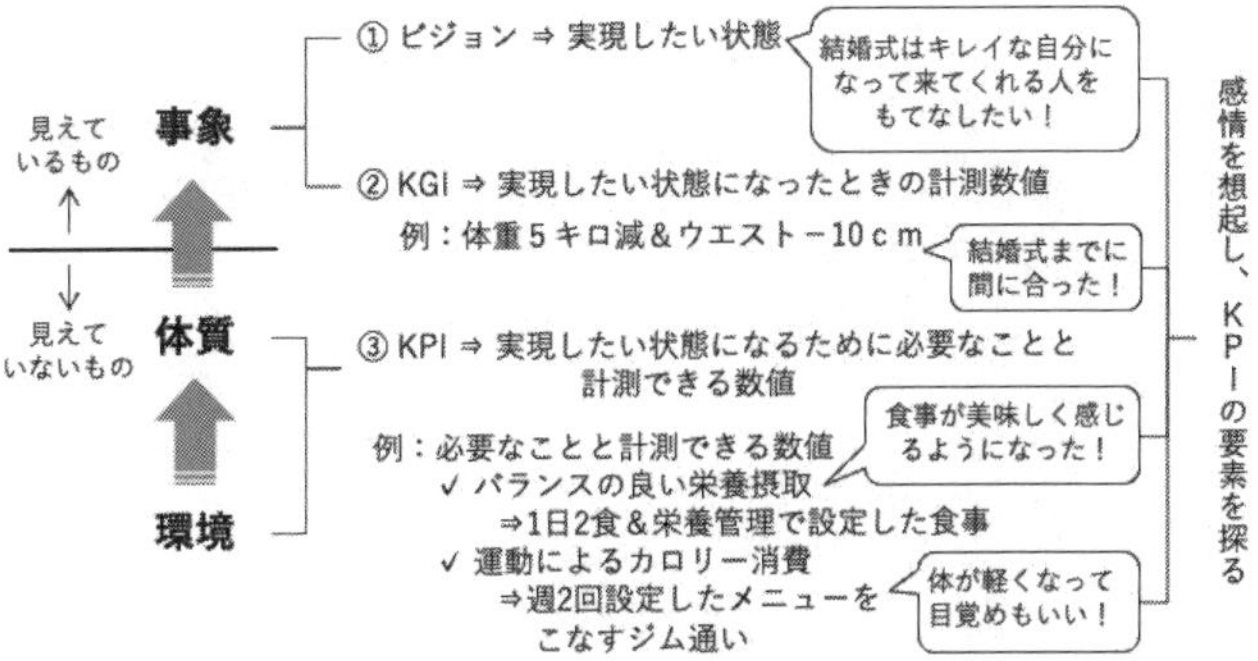

目指すのかを設定して、実際にそれを行動に落としていくこととしては、

「バランスの良い栄養摂取として、一日二食&栄養管理で設定した食事」を実際行動し、それを進めていくうちに「食事が美味しく感じられるようになる」ということ。

「運動によるカロリー消費として、週二回設定したメニューをこなすジム通い」を実際行動し、それを進めていくうちに「体が軽くなって目覚めもいい」を得るようにすること。

今回は二つの例を出しましたが、こうしたことがKPIということです。

そうすることでさらに「一日二食&栄養摂取」、「週二回ジムに通いメニューをこなす」に対し、それぞれ「どんな料理をつくる?」、「どんなトレーニング・メニュー?」という手法が考え出されていきます。KPIを設定することによって具体的な行動や手法が考えられるということです。企業で言うならばこの手法をどう展開していくかを設定して動かしていくのかがプロセス・マネジメントであり、同じ目標を持った人、あるいはその目標に共感をして応援してくれる人とこうした手法を共有しあい、展開の経過ごとにそのところどころどんな経験として為されているのかの共有がナレッジ・マネジメントであり、そして、その共有からそれがより熟知

としてできるようになるためにスキルを磨いていくのがスキル・マネジメントということです。

ＫＰＩはこれらの中のプロセスマネジメントにおいて、「どんな感情になれたのか／なったのか」も含めて設計をすることです。ＫＰＩはこなすだけではなく、〝質〟も担保しなくてはなりません。なぜなら質の担保こそがＫＧＩの達成に起因するからです。質とは「客感情の想起や把握」のことです。これ無しには計測はできないですし、してもうまくいきません。客感情はわからない・わかりづらいので〝できない〟となりがちですがここに脳みその汗かきどころです。よく「量が大事だ、量をこなせてないのに現場は質のことを言ってくる。やることやってないのにそれを言わせているのは問題だ」という経営者やマネジメント者もいます。それは現場のメンバーが問題ではなくて、そこまで設計せずにいるマネジメント側の問題です。

ＫＰＩは重要指標でありますが、その重要指標をつい企業や組織は必要以上に数多く設定しています。取引相手や生活者のことを考えずに、ただ自社が扱っている商品を売るがための「アンケートシートの回収」とか、「電話で連絡する回数」とか、商品しか案内しないのに〝提案〟という言葉を使っているちゃんちゃらおかしい「提案回数」ですとか、お客から「あなたの企業を紹介したい」と思われなければ得られることではないのに、関係性もつくれているわけではないのに紹介してもらうように声をかける「紹介依頼をお願いする件数」、商談する機会をどうつくるか設計も曖昧なのに「商談件数」をこなすことなど、客感情を考えない自己都合KPIのオンパレードが蔓延っています。自己都合の生産性の解釈をしている経営者やマネジメント者が設定しがちな内容です。

こうした自己都合KPIを設定している企業は、現場がそれをやったのか、やっていないのかの〝管理〟だけをしているところが多く、オペレーションを現場とともに考え設計していないのに「この○○の数が増えれば契約や売上が上がるだろう、だからやれ！」ということだけをするので、実際にはお客側が辟易していて、ほかに代わりの取引ができるところがあればそっちにしたい」という見えない不満・不安を抱いています。アンケート回収したとしてもそういったお客はその企業から離れられるほかの手段を見つけていない限り、それほど悪いことは書きません。それを鵜呑みにしがちな体質がこうした企業にはあります。そして匿名性の高いインターネットのクチコミ投稿では、そうしたフラストレーションを溜めた生活者が記入することがあってはじめて気づくのですが、まともな対策も持っていないことが多いです。

KPIとは、「こういう感情をお客さんに持ってもらえたら良い方向に進むよね！」という〝客感情の想起〟のことであり、その精度そのもののことで、ゆえにKPIの設定とは「客感情を計測する」ということです。そして企業が総力を挙げてやるべきは、〝客感情の想起〟であり、経営者やマネジメント者が、現場に対して「想起をする経験」と「計測する経験」を積むことを支援するオペレーションを設計し動かしていくことです。「意味が設定されたもの」に対してKPIを設定しようとすると、「数値で測れるものに偏る」ということであり、「意味するもの」に対してKPIを設定しようとすれば、「想起」が伴うものになるということです。ここでもマネジメントの言説がつながっています。

売上が上がる、利益が出るということは先に書きました通り、何らかの形でお客がポジティブな状態になり、客感情がポジティブになっているからです。その状態が描きたいことだとすればそれは「ビジョン」であり、そのビジョンを実現したときについてきている設定数値が「KGI」です。その設定したKGIに到達するために、やり切ることが必要なことと、それが計測できる数値の設定が「KPI」です。自分たちだけが儲かればいいというKPIは世の中にごまんとありますが、そんな状況だからこそしっかり客感情を想起できることと、それを計測する手段の模索の経験を積み上げていくことが肝要です。

あとがき

前著『ホスピタリティ・オペレーション』につぐ二冊目のホスピタリティ技法の書です。

よく、「正解はない」とマネジメント者が部下に何かを考えてもらうときに言っている人がいます。でもそれは「正解はないという正解」を言っているだけです。必要なのは〝考えて「する」を選択し続ける〟ということと私は思います。

部下とのやり取りにおいて「本人の自主性を尊重する」と言っていることもよく聴きます。育成ビジョンをもった一環として本当に自主性を尊重しかかわっているならよいのですが、実際、これはマネジメント者から部下に何かを依頼することや進めていくことがあって、断られたときに使う〝マネジメント側の都合の良い解釈の傾向〟が強いです。「腹落ちしないとできません」と言ってくる部下の状態を放置しているマネジメント側の怠慢そのものです。

それがどうして起こるのか、それを類推して臨むことがマネジメント者には必要です。従来企業における「役割」はほとんどが〝与えられている〟ものです。その与えられた範囲でやっていることです。時折、範囲を越えたことをしてくる部下がいたとします。そのとき、マネジメント者が与えられた範囲の中でしかやってこなかった人の場合、そうしたときのかかわりかたが「無駄なことをするな」や逆に「それ以上できること困る」という力学がはたらくケースもあります。いわゆる逆生産です。従来企業における「役割」はほとんどが〝与えられている〟ものだからゆえ、かかわり方を設定された範囲でしか知らないからです。

役割とは、与えられたことを自分の意志を持たせて〝する〟＋与えられていなくても自分の意志で必要と思うことを〝する〟です。数字目標だけやっていればいいとすれば、お客の「買いたい」という感情をつくろうとする前に、「売らねばならない」という別のバイアスがかかり、お客の気持ちが見えなくなる状態になるリスクが発生します。この環境をつくっているのは経営者とマネジメント者だと思うくらいでいるほうがよいかもしれません。

仕組みや制度が自分の意思とは関係のないところに置いていると、部下から自己都合な発信が出やすくなります。それを「本人の自主性」といって、マネジメントできていないのにマネジメントしているように見せているマネジメント者の、〝自分を守るだけの自己都合の解釈〟がなぜ起きるのかと言うと、マネジメントの言説で言う「意味を設定したもの」を主にしている「正解ありきのマネジメント」をしているからです。「意味するもの」と「意味を設定したもの」とでは、後者は設定したもの以外を排除してものごとを進めないと何もできなくなるという特性があると気づくことです。一方で前者は〝そのためにできることはすべてする〟という考え方に帰着します。本質のことだからです。

マネジメントの言説の「本質を捉えるマネジメント」で考えれば、「起きていること」から、〝部下がそれを言う作用はどんなものか〟という「問題と思うこと」を探っていないのが問題ということがわかります。そうして「意味するもの」として、〝部下の本心・本音を聴くをすることが必要〟ということが設定できると思います。あとはそれを推し進めていき、またその推進から起きていることを見ていくという流れをつくれれば、それ自体が「意味が設定されたもの」である業績や運用ルールなどにも良い影響となり、それらを包括していくということにもつながっていきます。〝相反するものをどう共存させていくか〟です。

私は「ラカンの四つのディスクール」の明解な解説セミナーを山本哲士先生から聴いたときに、今のマネジメントの実態の真因が似ていると判断しました。つまり世界的には一九九〇年代にマネジメントの変化が起きているにもかかわらず、そこにたどり着いていない日本企業の現状が実際にあるとして参考にしています。（図26を参照ください。）

「新資本経済学会」において、毎回、山本先生から論じられる哲学や社会科学の理論は、実際の現実にまったく一致しているのです。それは、世界の常識であると先生は言うのですが、先生の口から簡明に語られたとき、実に自分自身がなしていることにフィットしています。それを、わたしの実際のコンサル経験に付き合わせて、私なりに噛み砕いたものが本書です。山本理論は難解だと、企業人の多くの人が言いますが、それは現実自体に直面していないからではないでしょうか。私にはあまりに明解で、スッキリしていくロジックです。

新資本学会の事務局長をなしていて、こんなに益を得たものはありません。学会メンバーの大谷山荘の大谷和弘社長も、山本理論に十年くみして実際のプロジェクトをなされていますし、

【註】ラカンの四つの言説は『アンコール Encore』を基本に、他の書（STAFERLA 版）や様々な論者の図をもとにこちらなりに構成したものです。Sujet は主体ではなく「従体」です。自発的に従属する意味です。

図 26

「ラカンの四つのディスクール」と「マネジメントの言説」

「ラカンの４つのディスクール」

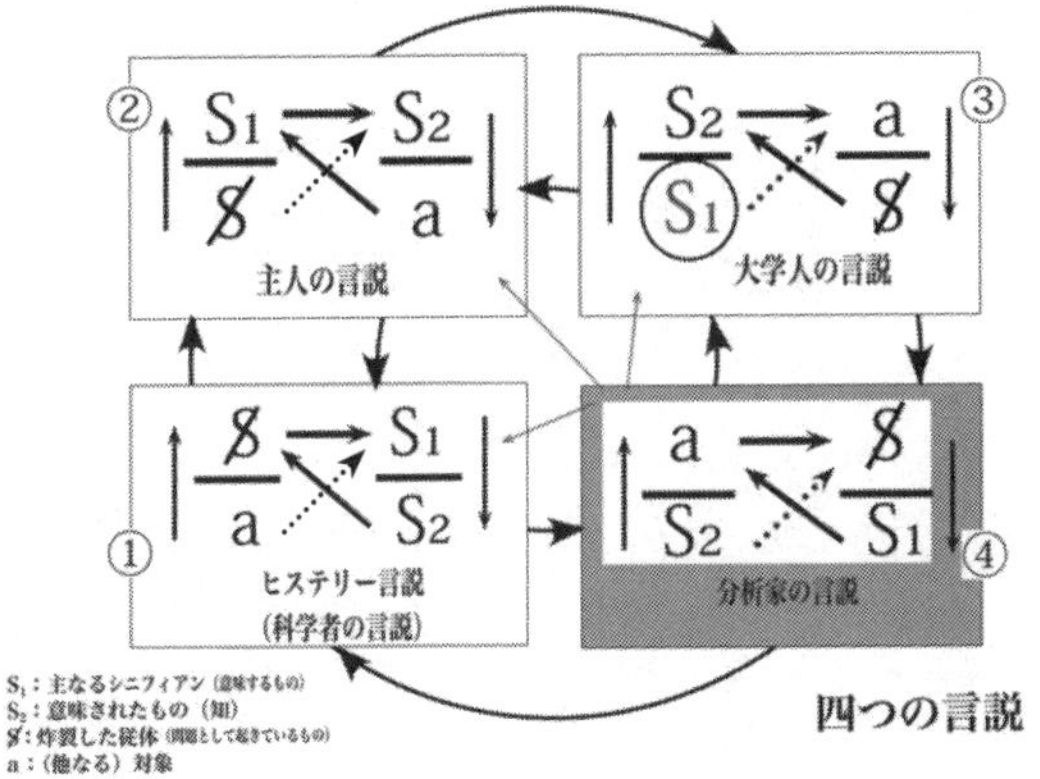

「マネジメントの言説」

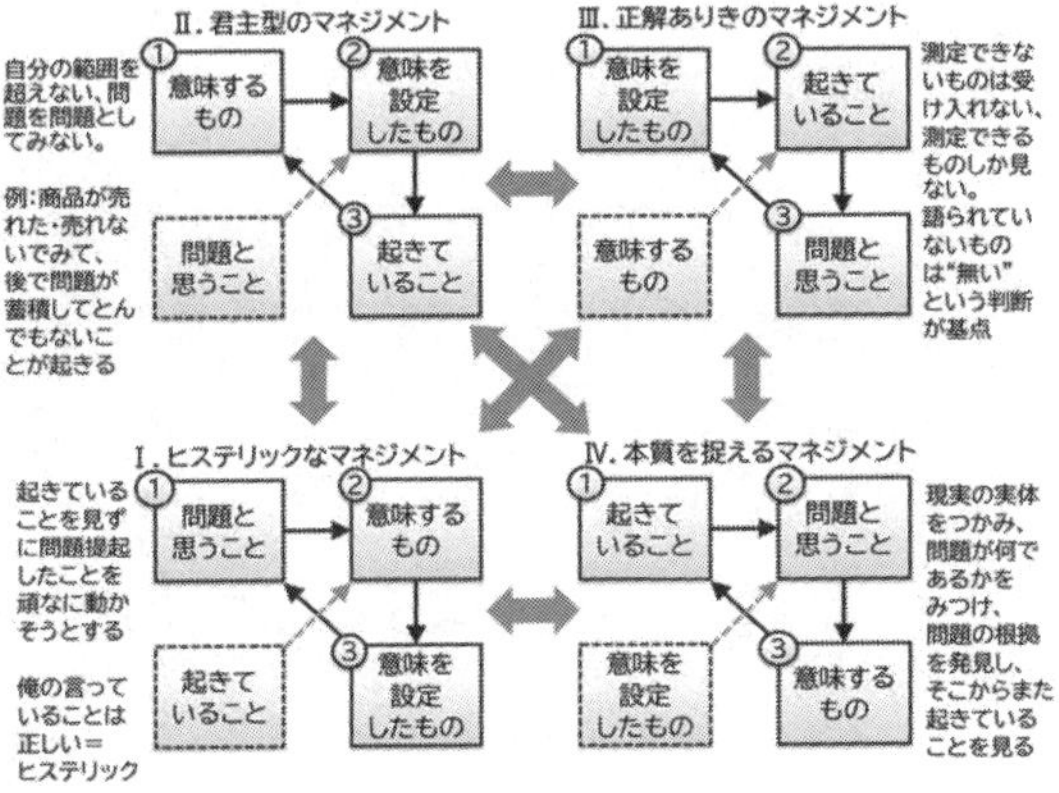

着物の岡野博一社長も経営に取り込みつつありますし、foodgateの村上宜史社長は文化資本経営をなされてますし、Tea Roomの若き岩本涼一社長は文化資本経営を称揚され文化資本研究所を作られています。山本言説は現場にもう届いて活用されている明快な考察です。*

山本理論の幾つもの概念やロジックを使うことを、許容していただいた先生に感謝いたします。また、そこで引用してきた、リュック・ボルタンスキー、ミシェル・フーコー、ピエール・ブルデュー、ジャック・ラカン、西田幾多郎などの理解／用語は、先生を通してなしていますのも、邦訳には大きな間違いが多々あるからとのことからです。学会での報告をメモし自分で起こし、それを私は実際の現実の方から照らし合わせ、自分で納得いくものへと練り上げて考え、実行しております。それは商品経済概念に囚われたもの、また商品経済世界に潜んでいるものを、資本概念から解き明かし、実行していくものです。先生の『ホスピタリティ原論』にであって以来、さらに「文化資本論」「知的資本論」「情緒資本論」などの資本論シリーズを書かれながらの報告から新しい思考・理論を学んできました。

「実際に起きていること」が「事実」です。その事実は優れた言説・理論を使う知的資本によってしか掴めないと思います。そこからしか「意味するもの=本質」は見つからないです。見つけに行くことをし続けることで事業は成長していくと強く思います。

* 山本哲士『文化資本論』(新曜社、1999年)
　福原義春＋文化資本研究会『文化資本の経営』(NewsPocks, 2023年。1999年ダイヤモンド社版の再版)、資生堂福原会長と山本先生たちとの協働研究から書かれた書。学術研究と企業経済とが結びついた成果です。20年の時を経て甦えったのも、商品・サービス経済の壁を超えていく資本・ホスピタリティの時代の到来徴候だと思います。

村瀬永育（むらせ えいすけ）

1970 年神奈川県生まれ。

株式会社ホスピタリティ・オペレーション代表取締役。1993 年、帝京大学文学部教育学科卒業後、(株)リクルート入社。3 年目より自動車事業部に配属。リクルート 20 年のうち 18 年を自動車事業部に携わる。2013 年に退職後、自動車販売ボランタリーチェーン・オニキスを運営する株式会社オートコミュニケーションズ副社長兼直営店・日昇自動車販売の取締役を経て、2016 年にフリーランスとして独立。全国中古車販売組合のコンサルティング、中古車オークション会社の執行役員などを務め、自動車販売会社の人材育成、マネジメント、組織活性、販促強化、関係性マーケティングなどのコンサルティング、ならびにリクルートマネジメントソリューションズ社で取引会社へのコンサルティング業務の委託を請け負っている。2023 年 11 月株式会社ホスピタリティ・オペレーションを設立。

新資本経済学会事務局長。。

著書に『ホスピタリティ・オペレーション』(知の新書 B11)、共著『おもてなしとホスピタリティ：サービスとの違い』(知の新書 J02)。

「生きているうちに「中古車を買ったその日に乗って帰れる」という世界観を何よりも一番実現させていきたい。そのことなくして自分の存在を自分で認めることはない。そこから資本経済のプロデューシングの可能性が開けていく。実現に向かって進んでいきたい。」

知の新書 B13　　Act2: 発売読書人

村瀬永育
ホスピタリティ・マネジメント
現場がイキイキとなる知的資本の技法と文化資本

発行日　2025 年 1 月 24 日　初版一刷発行
発行所　㈱文化科学高等研究院出版局
東京都港区高輪 4-10-31　品川 PR-530 号
郵便番号　108-0074
TEL 03-3580-7784　FAX 03-5730-6084
発売　読書人

ホームページ　https://www.ehescjapan.com

印刷・製本　中央精版印刷

ISBN　978-4-924671-86-7
C1234

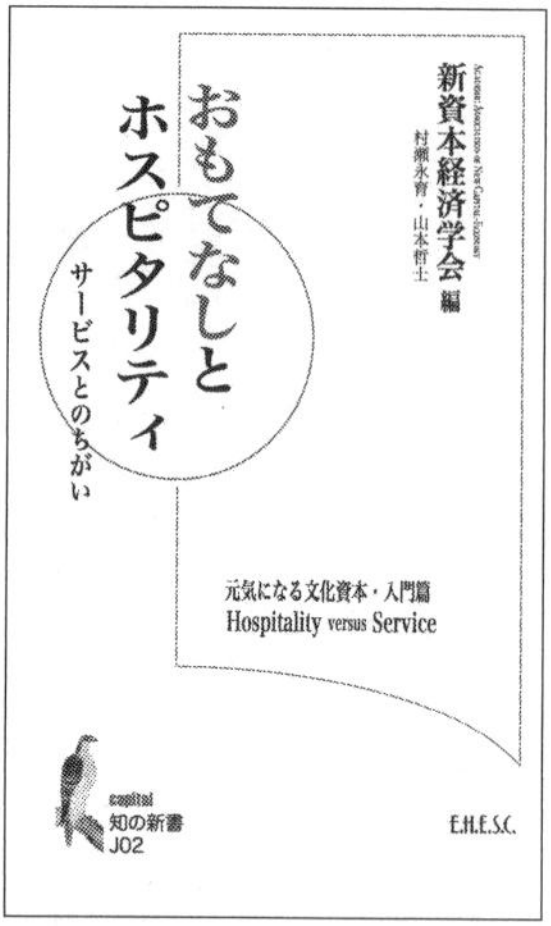

https://bookehesc.base.shop にて直接購入できます。